インターネットは自殺を防げるか

ウェブコミュニティの臨床心理学とその実践

末木 新

東京大学出版会

Can the Internet Prevent Suicide?
Clinical-psychological Studies and Practices in Web Communities
Hajime SUEKI
University of Tokyo Press, 2013
ISBN 978-4-13-011138-6

はじめに

　本書は，自殺予防の本である。インターネットにおける既存のサービスやネットを介したコミュニケーションを自殺予防に結び付け，新しい危機介入サービスを立ち上げるとどのようなものが作れるか，という問題を実証的なデータをもとに検討した本である。

　1998年に自殺者数が3万人の大台を超えて以降，わが国の自殺率は高い水準にある。本書を手にとっていただいた方にも周知のことであると思う。この状況を受け，2007年に自殺対策基本法が制定されるなど国をあげての自殺対策が行われているが，その対策の1つに，電話やEメールといったメディアを用いた自殺への危機介入がある（例えば，「いのちの電話」など）。メディアと自殺の関係を振り返ると，メディアは模倣による自殺を誘発しながらも，自殺予防の手段として積極的に活用されてきたという歴史がある。
　しかし，インターネットの普及によって実現したコミュニケーション環境は，これまでに見られなかった現象を引き起こしている。それは，今まさに「死にたい」という気持ちが高まっているインターネット利用者が，ほとんど何のコストもかけることなく見知らぬ他者と，コミュニケーションをとれるようになった，ということである。このような環境は，インターネット利用が一般化する以前にはなかったものである。そして，こうしたコミュニケーションの場は，一般的に，「自殺サイト」（以下，自殺関連サイトと表記）と呼ばれ，2000年代に大きな注目を集めることとなった。もちろん，その注目は多くの場合，悪い意味での注目であった。
　本書は，自殺関連サイトでのコミュニケーションに希望を見出している。新しいサービスの可能性を見出している。そのような本である。
　このいささか奇妙な可能性について読者に納得をしてもらうため，本書では，自殺関連サイトの利用の影響に関して実証的な検討を行っている。これ

が，本書の最大の意義である。さらに，自殺関連サイトの自殺予防的な機能に着目した上で，こうした機能を活かす新しい自殺予防危機介入サービスを考えるためにいくつかの実証的な研究を行っている。本書が，インターネットを活用した自殺予防サービスの構築の足掛かりとなれば，筆者としてこれ以上の喜びはない。

　また，本書は，自殺予防の研究であると同時に臨床心理学の研究でもある。それはどういうことだろうか。

　臨床心理学の研究としてまっさきに思い浮かぶイメージは，単一または少数の事例の経過を報告した事例研究である。事例研究からは，臨床実践そのものを改善していくためのヒントを得ることができる。自殺予防という文脈で考えた場合，そこでの臨床実践とは，自ら死を選択するまたは死の間際に追い込まれている人をこちらの世界にとどめようとする危機介入的な活動を指す。これまでにも，自殺予防のための危機介入がどのように行われるべきか，という点は実践を通して多くの研究者によって言及されてきている。

　しかし，本来の臨床心理学における研究とは，臨床心理学の中核である実践的な活動をより効果的にしていくために行われるあらゆる研究を含むものである。日本の臨床心理学研究は臨床実践の具体的な様子や経過を報告した事例研究が多く，実践活動を支えるための諸研究が十分になされていない現状があるが，自殺予防においてもこれは同様である。

　本書では，臨床実践の内容そのもの（危機介入の仕方）の検討もさることながら，こうした臨床実践を行うための環境をいかに作るか，という点に大きな紙幅を割いている。特に，インターネットを介したコミュニケーションという環境を自殺予防にいかに活かすかという点を繰り返し検討している。

　そのため，本書では，これまでおそらく臨床心理学領域で対象となっていないであろう，検索エンジンの利用データや，実際に作成したウェブサイトの運営データなどを対象とした分析を行っている。この点は，他の臨床心理学的な自殺予防研究と異なる点である。また，上記したもののみならず，本書で行われた諸研究で用いられる研究手法は，オンライン質問紙やメールによる調査など非常にバラエティに富んだものとなっている。まだまだ拙い部

分もあるものの，こうした多様な研究手法が，新しい臨床心理学研究を作り，発展させていく足場となれば幸いである。

本書の内容と読み方

本書は，筆者の博士論文を部分的に修正したものであり，7つの実証的研究を含む5部構成になっている。

第1部（第1〜4章）では，自殺関連サイト・自殺に関する援助要請行動・インターネットを介したコミュニケーションに関する先行研究のレビューを行った上で，自殺対策におけるインターネットの活用可能性について論じた。さらに，新たな自殺予防サービスの概観を示した上で，こうした臨床実践を行う上での先行研究の問題を指摘し，本書の目的を設定した。

第2部（第5〜7章）では，自殺予防を目的としたオンライン相互援助グループの運営に向けたウェブサイトの構築に関する研究を行った。具体的には，サービスにアクセスする過程であるロボット型検索エンジンに関する研究と，サービスのコンテンツの1つである心理教育・情報提供の影響に関する研究を実施した。

第3部（第8〜10章）では，自殺系掲示板の利用の影響と予防効果の創出要因に焦点をあてた研究を行った。第8章では自殺系掲示板の利用動機によって利用者のタイプ分けを行い，各タイプの利用者が掲示板の利用によって受ける影響について検討をした。また，第9章では，相談活動という観点から自殺系掲示板上でのやり取りを類型化し，それぞれの書き込みの効果を把握することを通じて，より有効な掲示板の利用方法を示した。さらに第10章では，相談活動という視点から明らかにされなかった掲示板の自殺予防的機能について質的研究を用いてより包括的な視点から明らかにした。

第4部（第11〜12章）では，掲示板利用の問題点について利用者・管理者双方への調査を行った。これは，第3部での調査が掲示板利用の利点に主に焦点が当たっていることを考慮し，より慎重な運営のために多様な視点から研究を構成する必要があると考えられたからである。

第5部（第13章）では，これらの知見を総括するとともに，本書の意義を様々な視点から論じるとともに，インターネットを利用した自殺予防のあ

り方についての指針を示した。

　研究全体を通じて簡潔明瞭な記述を心がけ，必要最低限の図表のみを提示するよう努力をしたが，第10～12章の「自殺サイト」利用者・管理者の語りを分析した質的研究においては，分析経過の詳細を示すため著者が得た調査協力者の発言を多数記載した。ただし，本論文で発言例を引用する場合，調査協力者のプライバシー保護のため原文の意味を損ねない範囲で一部を改変している場合がある。

目 次

はじめに　i

第1部　自殺とインターネットの関連

第1章　自殺予防におけるインターネットの可能性―――3

1-1　わが国における自殺問題と自殺予防の現状　3
1-2　インターネット上での自殺関連コミュニケーションの危険性　6
1-3　メディアと自殺の関連　8
1-4　援助要請と自殺　10
1-5　自殺予防におけるインターネットの可能性　12

第2章　インターネットと自殺に関する先行研究―――15

2-1　インターネットとメンタルヘルス　15
2-2　自殺関連サイトに関する先行研究　16
2-3　インターネットを利用した専門家による自殺予防サービス　18
2-4　自殺関連サイトに関する先行研究のまとめ　20

第3章　インターネット・コミュニケーションに関する諸理論―――23

3-1　手がかり濾過アプローチ　24
3-2　超個人的コミュニケーション理論　25
3-3　脱個人化作用の社会的アイデンティティモデル　27
3-4　その他のインターネットの特徴　28
3-5　本章のまとめ　30

第4章　本書の目的と構成―――33

4-1　先行研究の問題点　33
4-2　本書の目的　35
4-3　用語の定義　37

第2部　オンライン相互援助グループ運営に向けたウェブサイトの構築

第5章　インターネットで利用された自殺関連語の特性［研究1］——41

- 5-1　問題・目的——どんな語が検索されるか？　41
- 5-2　方法　42
- 5-3　結果　44
- 5-4　考察　47

第6章　自殺関連行動と検索エンジン利用の関連［研究2］——53

- 6-1　問題・目的——検索者の特徴は？　53
- 6-2　方法　54
- 6-3　結果　57
- 6-4　考察　60

第7章　自殺予防サイトの閲覧の影響［研究3］——65

- 7-1　問題・目的——サイト閲覧の影響は？　65
- 7-2　方法　66
- 7-3　結果　70
- 7-4　考察　73

第3部　オンライン相互援助グループの影響

第8章　自殺系掲示板の利用動機の類型とその影響［研究4］——81

- 8-1　問題・目的——掲示板利用の影響は？　81
- 8-2　方法　83
- 8-3　結果　86
- 8-4　考察　91

第9章　書き込みの自殺予防効果の評価［研究5］——97

- 9-1　問題・目的——どんなやりとりに意味があるか？　97
- 9-2　方法　98
- 9-3　結果　99
- 9-4　考察　104

第10章　自殺系掲示板の持つ自殺予防効果の構造［研究6］——107

10–1　問題・目的——何が自殺予防につながるのか？　　107
10–2　方　法　　107
10–3　研究過程と結果　　112
10–4　総合考察　　127

第4部　オンライン相互援助グループの問題点

第11章　自殺系掲示板の問題点：利用者調査［研究7］——135

11–1　問題・目的——掲示板利用の問題点は？　　135
11–2　方　法　　136
11–3　研究過程と結果　　139
11–4　総合考察　　147

第12章　自殺系掲示板の問題点：管理者調査［研究8］——155

12–1　問題・目的——管理者から見た問題点は？　　155
12–2　方　法　　155
12–3　結　果　　157
12–4　考　察　　162

第5部　総合的な考察と今後の課題

第13章　総括と今後の課題——169

13–1　専門活動としての臨床心理学的貢献　　169
13–2　研究活動としての臨床心理学的貢献　　176
13–3　臨床実践への貢献　　177
13–4　本研究の問題と今後の課題　　182
13–5　おわりに　　186

文　献　　189
謝　辞　　205
索　引　　207

第 1 部
自殺とインターネットの関連

第1章
自殺予防におけるインターネットの可能性

本章では我々の生活において新たなコミュニケーションのインフラとなったインターネットがもたらしたもののうち、自殺に関する影響を紹介する。その上で、この新メディアが持つ自殺予防の可能性に関して言及している研究について概説する。

1-1　わが国における自殺問題と自殺予防の現状

わが国では1998年以降、年間の自殺者数が3万人超で高止まりをしており、大きな社会的問題となっている。自殺率は男性が10万人中35〜40人、女性が15人、全体では25人程度で推移しており（内閣府, 2012）、先進国の中では高い水準にあると言わざるを得ない。また、男性と中高年の自殺が多いが、昨今では若年層の自殺率も上昇してきている。

こうした状況を受け、2006年には自殺対策基本法の制定が、2007年には自殺総合対策大綱の閣議決定が行われ、国をあげての自殺対策が行われている。政策の中心は、メディカル・モデルとコミュニティ・モデルの2つの政策である。メディカル・モデルとは、病院でのハイリスク者に対する介入であり、コミュニティ・モデルとは地域住民への自殺防止を目的とした予防的な働きかけを指す。

メディカル・モデル

自殺の原因・要因は単一のものではなく、多数の要因が関連している。こうした自殺の背景要因を探る調査の1つに、心理学的剖検（psychological autopsy）と呼ばれるものがある。心理学的剖検とは、自殺が生じた後に、遺された遺族（家族や友人など周囲の人）から情報収集をすることを通じて、生前の故人の様子を明らかにすることを試みる調査手法のことであり、ロサ

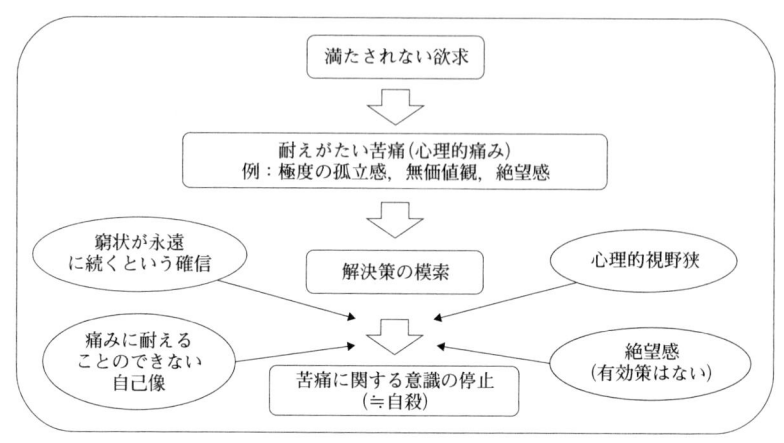

図1-1　自殺者の意識の変遷

ンジェルス自殺予防センターやアメリカ自殺学会の設立に尽力したことで知られるエドウィン・シュナイドマン（Edwin Shneidman）によって確立された。世界各国で行われた心理学的剖検調査からは，自殺者の多くが自殺に踏み切った時点で精神障害に罹患していたことが明らかになっている。国によって罹患していた精神障害の割合には若干の違いは見られるものの，気分障害・統合失調症・物質依存／乱用（アルコール等）・人格障害（境界性人格障害／反社会性人格障害）・摂食障害（特に神経性無食用症）が自殺に関連の深い精神障害だといわれている（赤澤・松本・勝又ら，2010；張，2006；Harriss & Barraclough, 1997; Zonda, 2006）。これらの精神障害に罹患した者の大多数は自殺によって死にいたるわけではないものの，自殺予防の観点からこうした障害への治療が行われることは重要である。また，社会的観点からは，失業や離婚／死別などの喪失体験が（高橋，2007），心理的観点からは，絶望感，負担感の知覚，所属感の減弱，心理的痛みなどが自殺を引き起こすという指摘がある（Brown, Beck, Steer, et al., 2000; Joiner, Van Orden, Witte, et al., 2009; Shneidman, 1993）。参考までに自殺者の心理状況に関する先行研究の知見をまとめたものを図1-1として以下に示す。これは，高橋（1997；2007）を参考に筆者が作成した。

自殺の急性期には，セラピスト—クライエント間，クライエント—クライ

エントの周囲の人々との心理的な絆を作る／回復させることが重要であることが指摘されており（稲村, 1980；高橋, 2006），その後の治療場面においては, 認知療法（Brown, Ten Have, Henriques, et al., 2005），弁証法的行動療法（Linehan, Comtois, Murray, et al., 2006），問題解決療法（Rudd, Rajab, et al., 1996）などが有効であることが示されている。こうした治療上の技法を用いて自殺の危険の高い者の抱える上記のような問題への対処がメディカル・モデルの自殺予防の中心である。

コミュニティ・モデル

上述のような「治療」「介入」は重要な活動であるものの，自殺者の中で適切な精神科治療を受けていた人は2割程度しかいないことを考慮すれば（高橋, 2006），メディカル・モデルの対策を行うとともに，コミュニティを利用し援助者と援助要請者をつないでいく必要があると考えられる。コミュニティ・モデルの自殺予防とは，自殺について市民に対して教育を行うことを通じ，コミュニティ内で自殺の兆候を示す者への気付きを高めるとともに，コミュニティ内の連帯感や凝集性を高めて人々の孤独感を減少させるアプローチである。我が国における65歳以上の協力者（協力者数 $n=358$）への調査によると，希死念慮に関する援助要請行動を専門家に対して行う者が少ないことが示唆されており，相互的なサポートが可能な地域作りの重要性が指摘されている（Sakamoto, Tanaka, Neichi, et al., 2004）。実際，青森県の旧名川町（現：南部町）では「よりあいっこ」と呼ばれる地域の高齢者が集まって交流できる場を設けたことが高齢者における自殺減少につながった1つの要因と考えられている（根市, 2006）。高齢者を中心にグループ活動をすることと自殺予防との関連が指摘されているが（Fountoulakis, Gonda, & Rihmer, 2011），ソーシャル・キャピタル／ソーシャル・サポート（人々のつながり）を増やしていくことは自殺予防につながるものである（本橋・高橋・中山ら, 2006）。

以上のような研究から地域コミュニティを中心とした予防的働きかけは重要であると考えられるが，介入対象となる「コミュニティ」には地域以外にも多様なものが存在する。具体的には，教育現場を対象とした若年層向けの

自殺予防教育（元永，2007；阪中，2009）や，職場を対象とした中高年層向けのメンタルヘルス対策（三島・永田・清水ら，2004）などが実践されている。ただし，こうしたコミュニティを基礎とした自殺予防活動が自殺率を低減させるというエビデンスは必ずしも得られていない（Cusimano & Sameem, 2011）。

新たな自殺問題

以上のような対策はなされているものの，残念ながら自殺者数は減少の兆しを見せておらず，自殺者が年間3万人を超える状態が10年以上続いている。そして，現状では新たなコミュニティを介した自殺問題が生じている。それはインターネットに関するものである。インターネットとはいうまでもなく，通信プロトコル TCP/IP を用いて全世界のネットワークを相互に接続した巨大なコンピュータネットワークのことであり，アメリカ合衆国国防総省が開発した ARPAnet をもとに，1990年代中頃から商用利用されているネットワークのことである（インターネット関連用語は37ページ以下でも紹介する）。平成10（1998）年には10％程度だったインターネット利用率も，2011年には約80％に達しており（総務省，2012），この10年でほとんどの国民が日常的にインターネットを利用するようになったと言える。こうした社会的変化を受け，自殺問題においても新たな問題が起きてくるようになった。有名なものとしては，インターネット利用が一般化した90年代後半に起きたいわゆる「ドクター・キリコ事件」，2000年代前半に生じたウェブサイト上で自殺念慮を持つ者同士が共鳴し合い集団自殺を行うという事件（以下，ネット心中），2008年に群発をした硫化水素自殺などが挙げられる。

1-2　インターネット上での自殺関連コミュニケーションの危険性

インターネット上での自殺に関するコミュニケーションの危険性について振り返ると，わが国では上述のような3つの大きな事件が生じ，その度に社会的な変化も起こってきたということができる。ここでは，これらの事件およびその影響について概説する。なお，以下では自殺関連サイトという用語

を，自殺念慮・希死念慮（37 ページ参照）を抱いた人を対象として作られているウェブサイトと定義し，自殺関連サイトの定義を満たす電子掲示板を自殺系掲示板と呼ぶ。

1998 年 12 月，東京都杉並区に住む女性が宅配便で届いた 6 錠の青酸カリ入りカプセルを飲んで自殺を図りまもなく死亡，カプセルの送り主も青酸カリを服毒して自殺をするという事件が起こった。調査により，カプセルの送り主は草壁竜次という名で青酸カリの入手希望者と連絡を取り合っていたことが判明した。また，男はインターネット上のサイト「安楽死狂会」に設置された掲示板「ドクター・キリコの診察室」の管理者として掲示板利用者からの薬物に関する質問に答えていた。これが，いわゆるドクター・キリコ事件の概要であり，この事件を機に自殺関連サイトへの注目は高まることとなった。事件の影響の 1 つとして，自殺系掲示板がプロバイダーから強制的に排除されるようになり，渋井（2009）は，「自殺」というキーワードで自己の生きづらさを電子掲示板やウェブ日記で語る人々の行き場が一時的になくなったことを指摘している。

その後，自殺関連サイト上で自殺念慮を持つ者同士が共鳴し合い集団自殺を行うという事件が増えていく。2003 年 2 月には，埼玉県のアパートで男女 3 人が行った練炭を利用したネット心中が大々的に報道され，このような形式でのネット心中の連鎖が生じるようになる（渋井，2004）。以後，断続的に今日まで自殺関連サイト上で知り合った見知らぬ者同士によるネット心中事件は続いている。こうした状況を受け，警察庁では 2003 年よりネット心中に関する統計を取るようになった。その結果，ネット心中による自殺者数は 100 人に満たないことが明らかとなった（警察庁，2006）。年間 3 万人という自殺者全体から考えれば決して大きな数だとは言えないが，同時にこうした自殺者が確実に存在することも示されることとなった。

さらに，2007 年頃から硫化水素を利用した自殺方法に関する記述がウェブ上に出回るようになり，この方法を利用した自殺がテレビで報道されることで群発自殺の様相を呈することとなった。硫化水素による自殺方法の開発・流布には，電子掲示板「2 ちゃんねる」でのやり取りが影響を与えたという指摘も存在している（渋井，2009）。

こうしたインターネット上での自殺関連事件は社会的変化をもたらすこととなった。2005年10月には通信事業者および警察におけるインターネット上の自殺予告事案への対応要領の策定が，2006年6月にはインターネット・ホットラインセンターの運営が開始され，社会面での整備が行われた。インターネット・ホットラインセンターにおける自殺予告事案に対する対応は月に数件程度ではあるものの（警察庁，2006），こうした社会面での自殺関連サイトへの対策はサイト管理者に対して心理的に与える影響も少なくないと考えられ，悪意のあるサイトの運営が困難になった可能性や放置されたままの掲示板の閉鎖といった効果があった可能性が存在する。しかし，現在でも自殺幇助を目的としたサイトは存在しており，また，掲示板等の公的な場を利用したネット心中は減っているものの，SNS（ソーシャル・ネットワーク・サービス）やブログのコメント欄，私的なメールなどの個人的なやり取りがネット心中の契機となる可能性は依然として存在している。

　このように，インターネット利用者の爆発的増大にともない一般の人々がこうしたサイトに関わる可能性が増す中で，自殺関連サイトは大きな注目を浴びることとなった。こうした出来事には自殺誘発的効果を含むものが多数含まれているように考えられ，対策として上述のような変化も生じている。

1-3　メディアと自殺の関連

　ところで，歴史的な経緯を振り返ると，インターネットに限らず古くからメディアが自殺誘発的な影響を持つことは繰り返し指摘されてきていた。その最たるものは，群発自殺である。歴史的に見ても，18世紀末にゲーテの『若きウェルテルの悩み』が出版されると，若者がその主人公と同じ服装，同じ方法で自殺をするという事件が相次いだという記録がある。日本においても，1986年，いじめにより自殺をした中学生の例が大々的に報道された後，同年代の青少年が自殺をした例がある。また，同年にはアイドルの岡田有希子が事務所のビルから飛び降り自殺を図り，その後30数名もの後追い自殺が起こったということがある。こうした事件の背景には，テレビというメディアによるセンセーショナルな報道があったと考えられている（高橋，

表1-1 自殺報道による模倣自殺を防ぐためのチェックポイント（WHO, 2008）

1. 努めて，社会に向けて自殺に関する啓発・教育を行う
2. 自殺を，センセーショナルに扱わない。当然の行為のように扱わない。あるいは，問題解決方法の1つであるかのように扱わない
3. 自殺の報道を目立つところに掲載したり，過剰に，そして繰り返し報道しない
4. 自殺既遂や未遂に用いられた手段を詳しく伝えない
5. 自殺既遂や未遂の生じた場所について，詳しい情報を伝えない
6. 見出しのつけかたには慎重を期する
7. 写真や映像を用いることにはかなりの慎重を期する
8. 著名な人の自殺を伝えるときには特に注意をする
9. 自殺で遺された人に対して，十分な配慮をする
10. どこに支援を求めることができるのかということについて情報を提供する
11. メディア関係者自身も，自殺に関する話題から影響を受けることを知る

1997）。

　自殺へのメディアの影響を精力的に研究したのはアメリカの社会学者のフィリップスである。フィリップスはその研究の中で，自殺に関する報道の直後に一時的な自殺の増加が生じることを見出し，上述の歴史的事件に倣いこの現象にウェルテル効果という名前を付けた（Phillips, 1974）。ウェルテル効果の有無を検討するため1990年以前のアメリカにおける21の研究をレビューした研究によると（Gould, 2001），ウェルテル効果を支持しないとする研究（Stack, 1983）もあるものの，多くの研究がウェルテル効果の存在を支持していることが見出されている。アメリカ以外でもウェルテル効果についての論争は存在するが，少数の研究を除けば（例えば，Jobes, Berman, & O'Carroll, 1996; Littmann, 1985; Motto, 1967），多くの国でこの仮説は支持されている（Etzersdorfer, Sonneck, & Nagel-Kuess, 1992; Hassan, 1995; Ishii, 1991; Jonas, 1992）。1974〜96年に公表された42の論文を対象に実施されたメタ分析においても，この仮説は支持されている（Stack, 2000）。なお，ウェルテル効果を防ぐためのメディア報道のあり方については，WHOが提言を行っている（表1-1参照）。

　2000年代前半におけるネット心中の多発，2008年の硫化水素自殺もインターネットというメディアの影響を受けた群発自殺と言える。古くは印刷物から最近ではインターネットまで様々なメディアがこうした現象を引き起こしている。

しかしながらメディアの持つ影響は必ずしも負のものばかりではない。正の側面としては，援助要請ツールとしての可能性が挙げられる。そこで，まずは「援助要請」という概念を簡単に紹介しておきたい。

1-4　援助要請と自殺

自殺の危険の高い者の援助要請の現状

　何らかの問題を抱えた人が他者に援助を求めることは援助要請（help-seeking）という概念として研究されてきた。援助要請の包括的な定義としては，「個人が問題の解決の必要性があり，もし他者が時間，労力，ある種の資源を費やしてくれるのなら問題が解決，軽減するようなもので，その必要のある個人がその他者に対して直接的に援助を要請する行動である」があるが（DePaulo, 1983），死にたい気持ちが高まっている人が他の人に話を聞いてもらうために電話やメールをすることも上述の援助要請という文脈によってとらえることができる。

　自殺者の援助要請行動については，「自殺をする者は誰にも相談などせず，ひっそりと決行する」といった類の言説がある。こうした言説は自殺に関する専門書や一般向けの書物において，多くの場合「神話」として否定されている（例えば，高橋，1997）。NPO法人ライフリンク（2008）の実施した心理学的剖検調査によると，わが国における自殺既遂者282名のうち，相談機関に行ったことがある者は71.6％であり，利用した相談機関の83％は医療機関，その69.9％は精神科であった。最後の相談のうち62.4％は自殺企図の1ヵ月以内に行われていた。また，カナダにおける15歳以上のある地域住民3万6984名への調査では（Pagura, Fotti, Katz, et al., 2009），自殺念慮を抱いたことのある者（$n=1234$）の52％，自殺企図歴のある者（$n=230$）の76％が相談を行っていた。

　これらの調査を見る限り上述の言説はまさに「神話」に過ぎず，自殺予防を行う上では相談・受診時の対応の充実が望まれることとなるが，こうした調査よりも低い相談率を示す研究は少なくない。援助要請活動に文化的要因が関わることはいくつかの研究から指摘されているが（Rancāns, Lapiņš,

Renberg, et al., 2003; Wu, Katic, Liu, et al., 2010），自殺の危険の高い者の相談率が約半数を切るという結果は各国において確認される。クイーンズランド（オーストラリア）の住民1万1572名にランダムに電話による聞き取りを行った調査では（De Leo, Cerin, Spathonis, et al., 2005），自殺の計画を抱いたことのある者のうち，公的な援助要請をした者は4割弱であった。それらの者のうち，最初の相談には11.1％が電話によるホットラインを利用しており，58.9％はかかりつけ医を，30％がカウンセラーや精神科医のもとを訪れていた。アメリカ合衆国テキサス州ヒューストンにおいて救急搬送された自殺企図群153名のうち，自殺企図に及ぶ前に相談をした者は48％であった（Barnes, Ikeda, & Kresnow, 2001）。66名の自殺既遂者の友人・親類への心理学剖検調査においても，最後の1ヵ月において誰かに相談をしていた者は半数に留まっている（Owens, Lambert, & Lloyd, 2005）。また，アメリカでの過去1年以内に自殺企図歴のある12〜17歳の若者877名に対する調査においては，過去1年以内にメンタルヘルスに関するサービスを利用した者は45％であった（Wu, Katic, Liu, et al., 2010）。

　これらの調査を見ると，自殺の危険の高い人々が必ずしも他者に相談をしていないという現実が浮かび上がってくる。また，自殺企図者はかかりつけ医・精神科医・ソーシャルワーカーの元を自殺企図の1ヵ月以内に訪れているが，自殺に関する話題は話さないということがしばしば見られたという指摘が存在するように（Howton, O'grady, Osborne, et al., 1982），専門家への相談を行っている場合であっても必ずしも自殺のことを口にしているとは限らず，自殺に関する相談をしている率はこれよりもさらに低下すると考えられる。

自殺念慮の高まりと援助要請の関連

　なぜ，自殺をするほど困っている者がこれほどまでに他者に助けを求めないのであろうか。一般に援助要請に関する意思決定は，援助要請に関する利益とコストの比較に基づいてなされることが知られているが（相川，1989），この理論によれば，意思決定時に援助要請の利益の見積もりがコストの見積もりを上回った場合に援助要請行動が生起すると考えられる。自殺の危険の

高い者が感じる援助要請コストに関する研究では，非臨床群の 21 名の若者（16〜24 歳）と 6 名の親，14 名の援助者に対して自殺を考えている者が援助要請できない理由について尋ねた質的研究が挙げられる（Gilchrist & Sullivan, 2006）。この研究の結果からは，自殺を考えている時の援助要請コスト，つまり要請を妨げているものとしては，秘密の保持，スティグマ，自尊心の傷つきの認知などが挙げられた。また，854 名の高校生（平均年齢 15.4 歳，標準偏差 $SD = 1.0$）に対する質問紙調査の結果では（Cigularov, Chen, Thurber, et al., 2008），入院への怖れや学校関係者との親密性の欠如が挙げられた。一般的な援助要請研究においては，収入の高さが援助要請意図の高さに結びつくなど経済的要因なども意思決定に影響を与えるといった指摘があるが（Tijhuis, Peters, & Foets, 1990），これらの調査では，援助要請にかかる時間的・経済的コストが挙げられることは少なく，他者からの評価への懸念といった心理的な要因が挙げられることが多かった（Freedenthal & Stiffman, 2007）。これらの結果として，自殺念慮が高まると援助要請意図が低減する（Carlton & Deane, 2000; Saunders, Resnick, Hoberman, et al., 1994）といった現象が生じると考えられる。

1-5　自殺予防におけるインターネットの可能性

　援助要請の意思決定がその利益とコストの比較によりなされることを考慮すると，利益の見積もりが低下した自殺の危険の高い人の援助要請を促進し治療や援助へとつなげるためには，援助要請のコストを低下させるという方法が考えられる。この際に電話やインターネットといったメディアは有効性を発揮すると考えられる。

　メディアを利用した自殺への危機介入はイギリスのサマリタンズにはじまり世界各国でなされているが，現在では，主に電話とインターネットが用いられている。わが国でも，1971 年に東京で「いのちの電話」が設立され，社会状況の変化に伴い 2006 年からはインターネット相談（メールによる相談）も開始されている。こうしたメディアのもつ特徴としては，①匿名性，②援助要請者が状況をコントロール可能になる（例：嫌になったら電話を切

ればよい），③24時間いつでも利用可能である，④地理的な問題を解消できる，といった点が挙げられる（Gilat & Shahar, 2007; Latzer & Gilat, 2000; Reese, Conley, & Brossart, 2002）。これらの特徴は，援助要請に伴うコストを低減することにより自殺念慮の高まった者の援助要請行動の生起を促す可能性があると考えられる。

　すでに自殺予防を目的として活用されてから一定程度の時間が経過している電話については，危機介入の効果を実証する研究もなされている（Cedereke, Monti, & Ojehagen, 2002; Evans et al., 2000; Rhee, Merbaum, Strube, et al., 2005）。これに対し，インターネットを利用した危機介入はその効果は実証されておらず，まだ活動そのものは端緒についたばかりであるが，2つのメディアを比較すると，インターネットにはさらなる特徴を見出すことができる。

　それは，同期型（電話）か非同期型か，情報がグループで共有される（インターネット）か否か，という点である（Gilat & Shahar, 2007）。電話という音声メディアは通常，二者間で情報が同時にやり取りされるため，グループによる情報共有がなされない同期型のメディアであると指摘することができる。一方，インターネットは様々なカスタマイズが可能であり，より自由度の高いメディアであると指摘することができる。具体的には，Skype等のサービスを利用することにより，電話と同様の使い方が可能になるだけでなく，電子掲示板やメーリングリストなどを利用することにより，非同期的なグループ・コミュニケーションを行うことも可能である。また，インターネットと電話の違いについては，前者では，活字を利用することでより完全な匿名性を達成することができる，受け手がより曖昧になり援助要請者の好みを投影しやすくさせる，といった特徴も指摘されている（Huang & Alessi, 1996; McKenna & Green, 2002）。これらの特徴を考えれば，インターネットという新たなメディアの特徴を利用することで，「いのちの電話」のような既存の方法以外のメディアを利用した自殺予防サービスを構築することも可能であると考えられる。具体的には非同期型のグループによるコミュニケーションを通じた自殺予防自助グループのような活動が想定される。

第 2 章
インターネットと自殺に関する先行研究

　前章ではインターネットを利用したコミュニケーションが自殺誘発的な危険性を持つ一方で，自殺予防を促進するためのツールとして新たな可能性を持つことが示された。そこで，本章ではインターネットとメンタルヘルス全般の関連を概観した後に，特に自殺問題との関係についての先行研究を紹介する。

2-1　インターネットとメンタルヘルス

　インターネット利用が個々人のメンタルヘルスに与える影響を検討した初期の実験的研究では（Kraut, Patterson, Lundmark, et al., 1998），2 年間の縦断的研究の結果，インターネットの利用頻度が高い人ほど，家族とのコミュニケーションが減少し，孤独感が増し，抑うつの程度も高まる，と結論付けられた。しかし，この後に実施されたいくつかの研究では，この知見への疑問も呈されている（例えば，Howard, Rainie, & Jones, 2001）。その後の追試では，個人のパーソナリティ（外向性／内向性）によってインターネット利用がメンタルヘルスに与える影響は異なるという指摘がなされている（Kraut, Kiesler, Boneva, et al., 2002）。
　直接的なメンタルヘルスの影響以外にも，インターネットを介した問題行動に関する研究は多数蓄積されている。その中には，ネット中毒（Beard, 2005; Young, 1998），ギャンブル（Griffiths, 2003; King, 1999），ポルノグラフィーの閲覧（Fisher & Barak, 2010; King, 1999; Lo & Wei, 2005）などがあり，こうしたいわゆる問題行動がメンタルヘルスに関連する指標に与える影響が検討されてきた。
　このように，メンタルヘルスという観点からインターネットの影響について論じる場合には，インターネットの負の側面に焦点を当てられがちである

が（志村，2005），自殺関連サイトに関する研究についてもそれと類似の傾向を確認することができる。それでは，自殺関連サイトの影響に関する先行研究はどのようになっているのだろうか。

2-2　自殺関連サイトに関する先行研究

　以下には，国内における主要な研究と海外における研究のまとめを分けて記す。これは，インターネット利用においても，また自殺においても文化の影響があると考えられるからである。

国内の先行研究

　国内の先行研究は主に，①自殺関連サイトを検索しコンテンツの内容把握に努めるもの，②ネット心中に関連するものの2つのタイプにわけることができる。以下ではこれらを順に概説していく。

　①のタイプとしては，まず，左名手・竹島（2003）が挙げられる。ディレクトリ型サーチエンジン（YAHOO! Japan）のサイト検索とロボット型サーチエンジン（goo）のページ検索を用い，自殺を主なテーマとして扱っていた16サイトの内容を分類した左名手・竹島（2003）は，ウェブ上で利用者が自殺関連情報を入手する可能性は増加しており，提供されている情報には，自殺予防を目的としたものや，情報提供者側の意図が不明確で，自殺行動の模倣を引き起こす恐れのあるものが混在していると結論付けた。また，小山・箱田・畑ら（2005）は，ロボット型検索エンジン（Google）を用いて52の自殺に関連する情報を扱うサイトを特定し，その実態および公開されている自殺関連情報を明らかにした。その結果，薬物・毒物等の入手方法や致死量の情報を記載したサイトもある一方で，自殺予防を目的として掲げているサイトも比較的多く，自殺念慮への対応や医療・相談機関などが紹介されていることが明らかになった。これらの結果から小山・箱田・畑ら（2005）は，単にインターネットの功罪を議論するのではなく，適切な情報提供の在り方と必要に応じた規制の強化が重要であると結論付けている。最後に，自殺系掲示板の内容をテキスト・マイニングによって分析をした松枝

(2009)は，掲示板が他者との人間関係や自己の感情を中心とした自己開示の場として機能しており，自殺誘発的機能を裏付けるエビデンスは得られなかったと結論付けている。

　②のタイプの研究としては，以下のようなネット心中の実態や発生要因を分析した研究群が挙げられる。まず，精神医学からみた実態調査（張，2005）では，自殺仲間を勧誘する者では境界性人格障害，解離性同一性障害，気分変調性障害，うつ病が，自殺の呼びかけに応じてしまう者ではうつ病，躁うつ病，気分変調性障害がみられたとした。次に，社会面の実態調査（堀口，2005）によると，新聞報道では，ネット心中が同日に複数の場所でおこると記事の掲載が増えること，取り扱う記事数や記事あたりの文字数・掲載面などは新聞社によって異なること，自殺関連サイトや自殺の方法・原因が内容として記述されていることが明らかとなった。最後に，発生要因と予防に関する多角的分析では（竹島，2005），集団意見の極端化を防ぐようウェブサイト運営者を指導する必要があること，メディア・リテラシー教育を学校や社会で行うとともに専門家に対する教育も必要であることが指摘された。

海外の先行研究

　次に，海外における研究であるが，こちらに関しても国内同様，自殺予防的側面と自殺誘発的側面の両方が指摘されている。まず，自殺誘発的側面としては，効果的な自殺方法が広まり自殺の既遂率が高まる（Alao, Yolles, & Armenta, 1999; Becker, Mayer, Nagenborg, et al., 2004; Prior, 2004; Thompson, 1999; 2001），仲間意識や集団の同調圧力が自殺の閾値を下げる（Schmidtke, Schaller, & Kruse, 2003; Lee, Chan, & Yip, 2005; Rajagopal, 2004）といった自殺関連情報の伝播やネット心中に関連した指摘がなされている。

　しかし，これらと同時に，予防的な側面も指摘されており，これらは大きく2つに分けることができる。1つ目は，専門的知識を容易に得ることができる（Miller & Gergen, 1998），専門家が自殺の可能性の高い人に接触を試みることができる（Richard, Werth, & Rogers, 2000），専門家の危機介入を受けることができる可能性が高まる（Janson, Alessandrini, Strunjas, et al., 2001）といった指摘であり，専門的援助者と利用者とをつなぐ役割だと考えること

ができる。そして2つ目は，同じように自殺をしたがっている匿名の人たちとやりとりすることがサポートとなる（Mehlum, 2000），自殺方法について語ることで自殺衝動の高まりから解放される（Fiedler, 2003），自殺にまつわるスティグマ・タブーを減らすといった指摘であり（Winkel, 2005），自助グループ的やり取りの場としての機能を果たしていると考えることができる。実際，ドイツの自殺系掲示板利用者に対して行われた調査では（Eichenberg, 2008），サイト参加前と調査時の自殺念慮の強さを検討したところ，全体として自殺念慮は減少しており，掲示板は建設的で自殺予防的な機能を持っていると結論づけられている。また，自殺系掲示板に投稿された書き込みの内容を11ヵ月にわたり分析をした研究では，多くの書き込みがポジティブで共感的・支持的なものであることが見出されている（Miller & Gergen, 1998）。

2-3　インターネットを利用した専門家による自殺予防サービス

　ここまで，自殺関連サイト一般に関する先行研究は概観したものの，インターネットを利用した自殺予防には専門家も参加している。そこで次に，より専門性の高いインターネットを通じた自殺予防活動を紹介する。

情報提供・心理教育

　プリベンションとしての情報提供・心理教育による自殺予防の試みはインターネットを利用した自殺予防において現在最も頻繁に取り組まれている領域である。地域住民や若者などの潜在的な援助要請者に対して自殺に関する情報提供を試みた取り組みとしては，オーストラリアの The National Youth Suicide Prevention Strategy（1995-1999）における取り組みや（Nicholas, Oliver, Lee, & O'Brien, 2004），ACROSSnet（Australian Creating Rural Online Support Systems）（Penn, Simpson, Edie, et al., 2005）などがある。

　また，援助者に対して自殺に関する情報，アセスメントや危機介入の方法に関する教育を行う試みも行われており，オーストラリアのグリフィス大学のチームが開発した e-SPST（the electronic Suicide Prevention Skills

Training）(Hawgood, Irving, Guo, et al., 2006) をはじめ，数多くの試みがなされている (Cohen & Putney, 2003; Seabury, 2005; Stone, Barber, & Potter, 2005)。その教育効果は研究デザインに問題は抱えるもののいくつかの研究において実証されている (Seabury, 2005; Stone, Barber, & Potter, 2005)。

ボランティアを利用したグループ・コミュニケーション

イスラエルの Israeli Association for Emotional First Aid では，電話・Eメール・チャットによる個人間コミュニケーションによる危機介入も行っているものの，これと同時に非同期的なグループ・コミュニケーションによる予防サービスも行われている (Gilat & Shahar, 2009)。このオンライン相互援助グループには利用者のみならず訓練を受けたボランティアも参加を行い，共感的な雰囲気作り，援助資源の紹介，有害な投稿の削除などのグループ・コミュニケーションの補助を行っている。また，これらのボランティアの選考・教育・スーパービジョンにはメンタルヘルスの専門家があたっており，自殺の危険性が特別高い者への返信は専門家が行う場合もある。ただし，ボランティアのグループへの参加は 24 時間体制にはなっておらず，ボランティア不在の場合には電話等を担当しているボランティアからのサポートを受けることが出来るようになっている。なお，運営に際しては，利用者およびボランティアの匿名性が担保されること，ボランティアと利用者の私的関係の禁止，自殺の宣言等の投稿の禁止，こうした投稿の即時削除，自殺の危険性が高いと判断された場合の警察等を利用した強制介入の実施といった倫理規定が定められている。

イスラエルには同様にヘブライ語によるサービスとして，SAHAR (www.sahar.org.il) が存在する (Barak, 2007)。SAHAR はヘブライ語の「インターネット上の傾聴サポート」の頭文字をつなげたものであるが，同時に三日月を意味する単語でもあり，闇夜が永遠に続くわけではないという願いが込められている。このサービスは，2000 年に NPO として発足し，2001 年 2 月から 1 名の正規職員とボランティア（カウンセラー／プログラマー）によって運営されている。サイトのコンテンツには，自殺や危機介入の方法に関する情報提供や援助資源の紹介などがあり，チャットや E メー

ルでのカウンセリングを行っているが，これらと同時にオンライン相互援助グループも提供されている。これらのグループは4つの非同期的フォーラム（若者用，大人用，志願兵用，詩・絵などを投稿するもの）およびボランティアが監視を行うチャット（同期的サービス）に分かれている。こちらのサービスでも訓練を受けたボランティアが匿名で参加しており，コミュニケーションを円滑に進めるための補助を行っている。運営は1日3時間に限定されているものの，日に350アクセスがあり，ユニーク・ユーザーはその3分の1程度，1000回／日程度のメッセージのやり取りがなされている。

こうしたサービスの提供を通じて明らかになったこととしては，非同期的なサポート・グループ（15.3%）においては電話（1.4%）やチャット（0.3%）よりもより自殺に関する自己開示の頻度が高いこと（Gilat & Shahar, 2007），自殺の危険の高い者の作成する書き言葉によるメッセージは自己に焦点化されており，認知の歪みおよび心理的な痛みを表現した内容となっていること（Barak & Miron, 2005）などがあるが，こうしたサービスの有効性に関する量的研究はほとんど蓄積されていない。

ただし，ボランティアを利用したオンライン相互援助グループの有効性をやり取り内容の質的分析から検討した研究は存在する。電子掲示板を用いたオンライン相互援助グループを構築し，電話による危機介入訓練および電話で利用できるスキルを掲示板で生かすための訓練（計60時間）を受けたボランティアが24時間体制で監視をする中で行われた利用者間のコミュニケーション10スレッド分に対する内容分析では（Greidanus & Everall, 2010），やり取りには共感的なコメントやアドバイスが多く見られ，ヘルパーセラピー効果（Reissman, 1965）が見出されたと結論付けられている。

2-4　自殺関連サイトに関する先行研究のまとめ

一般にインターネットの利用形態は，一方向利用と双方向利用に分類することができる（池田・小林, 2005）。これはコミュニケーションの方向性による分類方法であり，前者はサイトの閲覧行為などを中心としており，後者はメールや掲示板上でのやり取りなどを中心としている。上述のような研究知

見のレビューから，自殺関連サイトの自殺予防的効果については「専門的援助への接近」および「自助グループ機能」の2つが，自殺誘発的効果としては「自殺関連情報への接近」および「ネット心中の危険性」が挙げられるが，これはそれぞれどのようなサイトで生じるものであろうか。

　まず，「専門的援助への接近」と「自殺関連情報への接近」については，主に一方向サイトにおける情報閲覧によってもたらされる効果である。前者は，自殺関係の相談窓口の情報をまとめたページの閲覧や，専門機関の検索が可能なページの利用によって，後者は硫化水素自殺に典型的に見られるように，自殺方法を記載したページを閲覧することによって生じる。これらの現象はページ作成者の意図によって効果の違いが生じていることから，予防を促進するための対策は講じやすいと考えられる。かねてより，インターネット上で自殺予防を進めるためには，自殺幇助的なページの削除を推進するよりは，予防的なサイトを増やすことが現実的であるとされてきたが（高橋, 2006），一方向サイトに関してはこうした対策を取ることが可能である。しかしながら，専門家による一般利用者に対する情報提供・心理教育においてもこうした試みの効果は十分には実証されておらず，その予防効果については今後の検討が必要である。

　次に，「自助グループ機能」と「ネット心中の危険性」については，利用者間の双方向的なやり取り，特にオンライン相互援助グループ内でのコミュニケーションにおいて生じる効果である。自殺予防的な目的を掲げたコミュニティにおいてもネット心中相手の募集のような危険な動機を持った利用者が一定数はいることを考慮すれば，予防的なコミュニティにおいても自殺念慮に関して相反する効果が生まれる可能性があると考えられる。

　専門家が組織するボランティアを利用したグループによる自殺予防や自殺系掲示板などでのグループ・コミュニケーションによる自殺予防は，電話等を利用した既存の自殺予防とは異なるものであり，インターネットが登場したことによって誕生した新しい自殺予防の形である。こうした予防方法には，自助グループとしての可能性もあるものの，過去にはネット心中が生じたこともあり，こうしたグループで生じる現象についてはインターネットの特徴を詳細に検討する必要があると考えられる。

第3章
インターネット・コミュニケーションに関する諸理論

　アフォーダンスという広く知られた心理学の一概念がある。これは，アメリカの心理学者ジェームズ・ギブソンによって提出された概念であり，物や環境が人間の行動や知覚に対してある種の影響を与え，特定の行動を導くことを意味する。

　我々はアスキー文字しか使えない環境の中で非言語的な情報を伝えるために顔文字（エモティコン）を発達させてきたが（例えば（＞＜）），これはメディア環境が我々の行動／コミュニケーションのあり方を規定していることの一例である。アフォーダンスという概念はメディアを介したコミュニケーションについて考える際にも有効な視点だと言うことができるだろう。

　自殺関連サイト上でのコミュニケーションを考える際も例外ではない。インターネットというメディアは利用者のコミュニケーションに特定の影響や傾向を与えるはずである。そこで，以下では既存のCMC（Computer Mediated Communication）理論を概観しながら，ここまでで明らかとなった自殺関連サイト上でのコミュニケーションの結果にインターネットがどのように影響しているのかという点を考察する。

　なお，本章では，ジョインソンの議論を参照しながら（Joinson, 2003），代表的なCMC理論として，手がかり濾過アプローチ（cues filtered out），超個人的コミュニケーション（hyper personal communication），脱個人化作用の社会的アイデンティティモデル（social identity model of de-individuation effect）の3つを概観する。さらに，これらの理論では扱うことのできていない視点であるメッセージの再利用可能性とエモティコンに関する研究についても取り上げる。

3-1　手がかり濾過アプローチ

　手がかり濾過アプローチ（cues filtered out）とは，メディア・コミュニケーションにおける社会的手がかりの欠如が社会的な統制感を弱め，個人性を弱め，没個性化されたコミュニケーションをもたらすとする理論の総称である（Joinson, 2003）。これらの理論においては，コミュニケーションがメディアによって媒介されることにより，何かが失われるということが前提となっている。以下では，2つの理論を紹介するが，これらは視覚的情報を中心とした非言語情報の欠如に注目している点で共通している。

　1つ目は，社会的存在感理論である。この理論は，電話によるコミュニケーションの影響を検討するために提唱されたものであるが，その内容はインターネットを用いたコミュニケーションにも拡大して当てはめることが可能である。ショートらによると，対人態度は主に視覚的な手がかりによって伝達される（Short, Williams, & Christie, 1976）。そのため，視覚的な情報の剥奪されたメディア（CMC）は，情報交換や単純な問題解決課題が向いており，社会情緒的内容を伝達するのには不向きになると考えられる（Joinson, 2003）。

　2つ目は，社会的手がかり減少モデルである。この理論によると，非言語的情報を欠くCMCにおいては，自己知覚が低下し，自らの社会的な役割意識が薄れることで社会的抑制がきかなくなる（Kiesler, Siegel, & McGuire, 1984）。そのため，フレーミング等の逸脱したコミュニケーションが生じることとなる。この理論への裏付けとして，CMCがフレーミングや自己開示などの脱抑制的コミュニケーションを促進すること，対面状況に比べCMCにおいて議論をした時の方が，集団成極化現象が生じやすいことが見出されている（Kiesler, Siegel, & McGuire, 1984）。

　手がかり濾過アプローチによれば，CMCにおいては視覚的情報を中心とした非言語的手がかりの減少によって，社会情緒的なやり取りが難しくなり，また，人々は脱抑制的になり集団成極化やフレーミングが生じると考えられる。こうした特徴は，脱抑制的なコミュニケーションが自己開示を促進し，相談活動を通して自助グループが形成されることで自殺関連サイトの自殺予防的側面が達成されるという点を除けば，主に自殺関連サイトの自殺誘発的

側面を説明することに適していると言うことができる。まず，脱抑制的なコミュニケーションは過度に敵対的で攻撃的な書き込みを行うといった問題行動を生じさせる可能性を高めるが，こうしたやり取りによりコミュニティに参加する者の傷つきが増す可能性が存在する。また，対面状況に比べCMCにおいて議論をした時の方が，集団成極化現象が生じやすいことを見出されているが（Kiesler, Siegel, & McGuire, 1984），希死念慮が高まった者の間で交わされるコミュニケーションの集団成極化がネット心中につながる可能性が指摘されている（竹島，2005）。つまり，ネット心中という現象は，手がかり濾過アプローチによって説明されるCMCの特徴によって生じやすくなっている可能性があると考えられる。

3-2 超個人的コミュニケーション理論

　手がかり濾過アプローチにおいては，主に自殺関連サイトの負の側面が説明可能であった。しかし，自助グループ機能などの正の側面に対する説明は不十分であるように思われる。そこで，2つ目に，CMCが対面状況から何かが失われた劣ったコミュニケーションであるという前提に立つ手がかり濾過アプローチを批判した理論を取り上げる。

　対面状況とCMCの2条件で3つの異なる話題について議論を行い，議論の社会性と参加者の様子を評定する実験の結果によると（Walther, 1995），CMC集団は全ての話題において対面状況によるやり取りをした集団よりも高い情動性を示しており，参加者は落ち着いてリラックスしているという評定を得た。この結果は，CMCが課題志向的ではなく社会志向的であるということを意味しており，CMCが抱える（主に）視覚的な手がかりの欠如は，テキスト情報の量によって補うことが可能であると結論付けられた（Walther, 1995）。

　その後，ウォルサーは，CMCの利用者が高水準の社会性・親和性を示す現象を「超個人的コミュニケーション（hyper personal communication）」と名づけ，その要因を4つに整理した（Walther, 1996）。1つ目は，オンライン・コミュニケーションを行う人の高い類似性である。CMCにおける集団

は同一の興味・関心をもとに形成される場合が多く，またこうした点を共有しないときにも，少なくとも CMC 好きであるという点で類似点を見つけることができる。類似性魅力仮説によれば（Byrne, 1971），2 者間の態度が類似しているほど対人魅力は増大するため，オンラインでコミュニケーションを行う人々はその相手を好きになりやすいと考えられる。また，類似性の存在は相手に対する共感可能性を高めることにもつながる。2 つ目は，メッセージ送信者による効果的な自己呈示可能性の増大である。非言語的情報を操作するための認知的資源が必要ないため，送信者はよりメッセージの作成に資源を割くことが可能になり，受信者にとって魅力的なメッセージを作成することができるということである。3 つ目は CMC の一形式である非同期性である。こうしたコミュニケーションスタイルは，同期的コミュニケーションに比べ必要な認知的資源の量が少ないため，メッセージの魅力を高めることに余った資源を費やすことが可能になる。最後は，上述の要因によって増大した肯定的印象が社会的相互作用を通じて増幅するフィードバック・ループの存在である。つまり，自己成就的予言と行動確証が 3 つの要因によって増幅した肯定的印象をコミュニケーションの進行にともなって増大させていくことにより，CMC は対面状況よりも高い社会情緒的コミュニケーションを行うことが可能になるということである。

　超個人的コミュニケーション理論では，インターネットの視覚匿名性や非言語情報の減少に加え，集団形成機能や非同期性に着目した理論構築が行われている。こうした背景によって達成される社会的・親和的コミュニケーションは，自殺関連サイトの正の側面をよく説明すると考えられる。自殺系掲示板を対象とした実証的な研究においても，この理論を裏付ける知見は得られている（松枝, 2009 ; Miller & Gergen, 1998）。

　その一方で，非言語情報を補うために必要なやり取りの量（時間）は，こうしたメディアを使った危機介入の難しさを意味する。見知らぬ他者が初対面の状態で出会う可能性を含む自殺関連サイトにおいては，親和的コミュニケーションを育むための時間が十分に持てない可能性も存在する。この場合，コミュニケーションは課題志向的なものとなり，希死念慮を和らげるために有効な働きかけである共感的やり取りは得られず，自殺の危険性は高まると

考えられる。また，非同期性に関しても同期的な話し言葉のやり取りに比べればコミュニケーション速度が低下するために，まさに自殺の危機が迫っているものに対する危機介入に用いることは難しいと考えられる。

3-3　脱個人化作用の社会的アイデンティティモデル

　手がかり濾過アプローチに対する批判から生まれた CMC 理論はもう 1 つ存在する。それは，脱個人化作用の社会的アイデンティティモデル（social identity model of de-individuation effect）（Reicher, 1984）である。この理論は社会的アイデンティティ理論（Tajfel & Turner, 1979）をベースにしている。社会的アイデンティティ理論によると，人間は，他者をグループ化（カテゴリ化）し，特定のグループに所属することによって自尊心を高めることができる。グループへの所属意識は，内集団びいきや外集団差別といった諸現象とともに，内集団の規範へ自己を合わせるといった行動を引き起こす。これは，内集団と一致した態度を示すことにより得られる集団からのサポートがこうした態度を強化するためだと考えられる（Joinson, 2003）。

　そして，脱個人化作用の社会的アイデンティティモデルによると，CMC の視覚的匿名性は私的自己意識を高めるが，この私的自己意識の高まりによって所属する集団のアイデンティティが顕現化した場合には集団の規範に従った行動が生じ，個人のアイデンティティが顕現化した場合には個人の規範に従った行動が生じる。つまり，手がかり濾過アプローチにおける脱個人化は，視覚的匿名性によって人々のアイデンティティが消失したために生じると考えられていたのに対し，脱個人化作用の社会的アイデンティティモデルにおいては，アイデンティティの所在が個人から集団へ移行したために生じると考えられる。脱個人化作用の社会的アイデンティティモデルにおいては，フレーミング（いわゆる「炎上」。38 ページ参照）などの一見反社会的に見える行動も，その集団内の規範が活性化したことによる結果であると解釈される。つまり，フレーミングもその集団内においては十分に規範的な行動だったということになる。

　このような脱個人化作用の社会的アイデンティティモデルの説明を自殺関

連サイトに当てはめると，集団の持つアイデンティティがどこにあるのかという点が重要であると言うことができる。自殺を試みる者の心理的な特徴が生と死の間を激しく揺れ動く気持ちであることを考慮すれば（Shneidman, 1993），死に傾いたアイデンティティを持つ集団におけるコミュニケーションは希死念慮を増大させネット心中を引き起こし，生に傾いたアイデンティティを持つ集団においては自助グループ機能が生じると考えられる。ただし，インターネット先進国である韓国においては，心中仲間を募るために運営されている自殺関連サイトのみならず，自殺予防を目的としたサイトにおいてもネット心中が起こっている（渋井, 2004）。こうした点を考慮すれば，利用者がどのような過程を経て予防を目的とした集団としてのアイデンティティを獲得していくのかという点に関するより詳細な検討が必要であると考えられる。

3-4　その他のインターネットの特徴

これまで，インターネットの持つ匿名性，非言語的情報の減少，類似性の高い集団の形成機能，非同期性，といった特徴を元に構築された様々なCMC理論を紹介した。しかし，CMCの持つ特徴には，その他にも多様なものが存在する。そこで，ここでは上述の理論では扱われなかったいくつかの特徴について考察をする。

メッセージの再利用可能性

1つ目の特徴は，メッセージの再利用可能性の増大である。これは，コピー＆ペーストなどによって，他者からのメッセージを引用することのコストが大幅に下がった環境がCMCにおいて実現されていることを意味している。相手が一度言ったことを再現する行為は「再話（recounting）」と呼ばれるが，これは対面状況においては認知的な負荷のかかる行動である。それに比べ，掲示板やメールにおいてサポートされている機能やコピー＆ペーストの容易さから，CMCにおいては再話を行うことに関するコストが減少するため，こうした行動は増えると考えられる。そして，以下の調査に見られるよ

うに，こうした機能はコミュニケーションの進展過程に一定程度の影響を与えることになる。

フレーミングと引用の関係を明らかにするため3000件のメッセージを調査した研究によると，過去のメッセージの引用とメッセージの情緒的なトーンとの間にある関係が見出されている（Mabry, 1997）。それは，友好的なメッセージは敵対的なメッセージに比べて引用の件数が少なく，メッセージの敵対性が上昇するにともなって引用件数も上昇するが，敵対的な度合いが一定以上になると引用の数は減少するということである。フレーミングが起こりそうな状態においては相手の発言の揚げ足を取るような発言が増えるものの，フレーミング状態になり発言者が感情的になると，相手の発言がどのようなものであるかということは大きな問題にはならなくなってしまうためだと考えられている。

再話という行動は，上述の調査のように相手を論破・反駁する目的において用いられるが，それのみならず賛意を示す目的でも行われることがある（Joinson, 2003）。前者の目的で行われる場合にはフレーミングの可能性を増大させるが，後者の目的で行われる場合には共感的な発言を増加させると考えられる。臨床心理学における共感的な面接の技法には相手の発言をそのままの形で言い直す「反射」や相手の言ったことをまとめなおして聞き手の理解を伝達する「明確化」といった技法が存在するが，再話可能性の増大は共感的メッセージの作成を容易にし，情緒的なコミュニケーションを可能にする。また，相談活動に利用する際には，再話をすることそのものに必要な認知的資源を抑え，相談の内容に集中することができるという利点もある。

エモティコン

2つ目の特徴は，顔文字や絵文字（エモティコン）の存在である。アスキー文字の組み合わせ（例えば（^^;））や様々な表情の顔のアイコンを用いることで，我々はテキストベースのコミュニケーションにおいても感情を表現している。また，顔以外のアイコンを利用してその時の気分を伝達するといったことも日常的に行われている（例えばハートマーク♡，下向きの矢印↘）。こうした機能は，Eメールはもちろん，ブログや掲示板においてもサ

ポートされていることが多く，CMC における非言語的情報として利用されており，感情を強調・明確化する一方でネガティブな表出を和らげる効果を果たしている。

　エモティコンに関する研究は多くはないものの，いくつかの研究においてはコミュニケーションの文脈と利用方法とが関連することが明らかにされており（Derks, Bos, & von Grumbkow, 2007），これらの結果からエモティコンは対面状況における感情表出と同様の方法で用いられていると考えられる。しかし，用いられたエモティコンがどのように解釈されているのかという点については明らかにされていない。エモティコンが対面状況における感情表出よりも意図的なものだと解釈される可能性があるという指摘もあるが（Derks, Fischer, & Bos, 2008），この点を踏まえると，エモティコンを用いることが必ずしも CMC を対面状況に近づけるとは限らないと考えられる。

　このような特性を持つエモティコンは，自殺志願者のコミュニケーションに正の影響を与える可能性があると考えられる。158 名の中高生を対象に（課題志向―社会・情緒志向）×（ポジティブ―ネガティブ）の 4 条件でチャットを行わせた結果によると（Derks, Bos, & von Grumbkow, 2007），ネガティブで課題志向的な状況においてはエモティコンの使用が減少する。このことから，ネット心中の募集・計画などのやり取りにおいてはエモティコンが使用される頻度は減少し，やり取りそのものに与える影響もなくなると考えられる。反対に，自助グループ的な活動においては，エモティコンが頻繁に用いられてその影響力が増すと同時に，共感的なやり取りを可能にすると考えられる。ただし，エモティコンを使用している掲示板には，ネット心中の募集や効果的な自殺方法の情報提供を求めるといった課題志向的なやり取りを求めるハイリスク者が近寄らなくなり，介入可能な対象者が制限されるといった弊害が発生する可能性も存在する。

3–5　本章のまとめ

　以上，CMC に関する 3 つの代表的理論と，それらでは扱っていないインターネットの特徴が，自殺予防的コミュニケーションに与える影響を概観し

```
       CMC の技術特性              個人特性
  ┌─────────────────────┐  ┌─────────────────────┐
  │  ①匿名性            │  │ ⑦社会的アイデンティティ │
  │  ②非言語的情報の情報量減少 │  │ ⑧集団規範の認識      │
  │          ↓         │  ├─────────────────────┤
  │  ③非言語的情報のコントロール │  │ ―検討が期待される点― │
  │    可能性の増加      │  │  パーソナリティ      │
  │    (例：エモティコン) │  │  (メディア選択の戦略性)│
  │  ④類似性の高い集団の形成機能│  │  認知機能・精神障害   │
  │  ⑤非同期性          │  │                     │
  │  ⑥メッセージの再利用可能性 │  │                     │
  │    の増加           │  │                     │
  └─────────────────────┘  └─────────────────────┘
                  ↘        ↙
              ╭─────────────────╮
              │ ☺ ⇄ 自殺関連CMC ⇄ ☺ │
              ╰─────────────────╯
                        ↓
  ┌─────────────────────┐  ┌─────────────────────┐
  │ フレーミング (←①②⑥⑧) │  │ 自己開示量の増加 (←①②)│
  │ 集団成極化  (←①②⑦)  │  │ 対人魅力の増加  (←④) │
  │ 関係形成の鈍化 (←⑤)  │  │ 共感可能性の増加 (←④⑥)│
  │ 危機介入の難しさ (←⑤) │  │ 認知的資源の節約 (←②⑤⑥)│
  │                     │  │ 自己呈示成功可能性の増加 (←③)│
  └─────────────────────┘  └─────────────────────┘
         負の影響                   正の影響
```

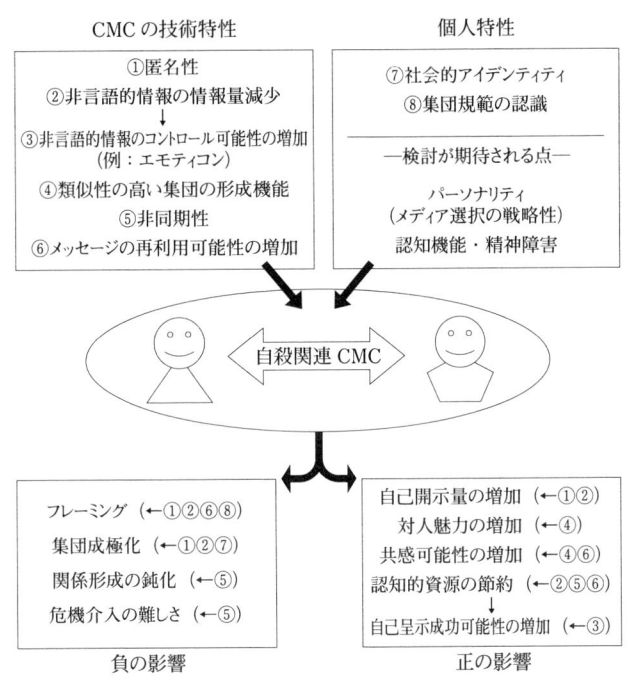

図 3-1　CMC 諸理論による自殺関連 CMC の効果の説明

た。その結果をまとめたものが図 3-1 である。

　本章で扱った理論内では，①匿名性，②非言語的情報の減少，③非言語的情報のコントロール可能性の増加，④類似性の高い集団の形成機能，⑤非同期性，⑥情報の再利用可能性の増加，⑦地理的・時間的コストの低減，といった特徴が扱われていた。そして，CMC の技術的特性がコミュニケーションを規定するという技術決定論的な立場からは，オンライン・コミュニティにおける「自助グループ機能」と「ネット心中（希死念慮の高まり）」といった相反する効果が生じる過程を説明することは部分的には可能であった。また，オンライン・コミュニティを用いた自殺予防を行うためには，非言語情報を補うためにコミュニケーションの時間（回数）を増やし，ある程度長期的な関係を前提にコミュニティを構築するべきであるという示唆が得られた。

　なお，第 1 部での電話とインターネットの比較では，コミュニケーション

の同期／非同期型および情報のグループでの共有に関する選択の有無をその差異として挙げた。上記のまとめを参考にすると，こうした点以外にもインターネットの特徴が見えてくる。具体的には，電話ではなくインターネットを活用することにより，非言語的情報が減少するがゆえにコントロール可能性が高まる，類似性の高い（マイノリティの）集団を形成可能である，非同期型のコミュニケーションが可能になる，情報の再利用可能性が高まる，ことになると考えられる。また，これら以外では，コミュニケーションにかける時間的コストは高くなり（喋るよりも書く方が時間がかかる），経済的コストは低くなると考えられる。

第4章
本書の目的と構成

第1・2・3章において概観した結果をまとめると以下のようになる。

これまでにインターネットを介した集団自殺や自殺の模倣（ウェルテル効果）は生じているものの，援助要請コストを下げることで自殺の危険の高い者を援助資源へ結びつけて危機介入を行うといった，インターネットを利用した自殺予防活動もすでに開始されている。特に，インターネット利用の普及によって可能となった新たな自殺予防の形態としては，非同期型のグループによるコミュニケーションを通じた自殺予防自助グループが挙げられる。そして，こうした活動を実施する際には，非言語情報を補うための工夫を行うか，あるいはコミュニケーションの時間（回数）を増やすためにある程度長期的な関係を前提にコミュニティを構築すべきであるという示唆が得られている。

しかしながら，自殺予防を目的とした臨床実践を開始するには，これらの知見のみでは不十分だと考えられる。

4-1 先行研究の問題点

以下に，非同期型のグループによるコミュニケーションを通じた自殺予防自助グループを構築・運営しようと考えた際に，先行研究によって明らかにされていない点を列挙する。

第1に，自殺関連サイトにアクセスする際の検索エンジンの利用状況について明らかになっていない。インターネットを利用する際にはウェブ上の情報を整理して表示する検索エンジンの利用が欠かせない。現在では，カテゴリごとに検索対象サイトを整理するディレクトリ型検索エンジンよりも，検索対象サイトに関する情報収集と整理を主に被リンク数に基づき自動的に行うロボット型検索エンジンの利用が主流となっている。しかし，自殺に関し

てどのような検索が実施されており，自殺の危険の高い者がどのような検索語を利用する可能性があるのかという点が明らかになっていない。自殺の危険の高い者，あるいは自殺の危険の高い者をサポートするボランティアをサイトに集めようと考えた場合，こうした者の利用する検索語について知っておく必要があると考えられる。

　第2に，第2章でも触れたことであるが，イスラエルのIsraeli Association for Emotional First AidやSAHARが既に実施しているように，オンライン相互援助グループを運営する場合には利用者獲得のためのウェブ上のコンテンツが必要となる。しかしながら，こうしたコンテンツの中心である自殺や自殺予防方法に関する「情報提供・心理教育」の研究は十分とは言えない。こうした試みのうち，援助の専門家や専門家を目指す者，自殺予防に関わる行政の担当者などを対象としたものはその教育効果が実証されているものの，地域住民や若者などの潜在的な援助要請者を対象とした取り組みはその自殺予防効果が実証されているとは言い難い状況にある。

　第3に，自殺系掲示板やボランティアを利用したオンライン相互援助グループの利用の効果に関する研究が国内においてなされていないことも問題である。海外においては，アイカンバーグ（Eichenberg, 2008）がこれを実施しているが，尺度や研究デザインに不十分な点があり，利用のどの部分に効果があるのかという点が明らかになっていない。また，彼女の研究では利用者の自殺願望は減少したとされるが，どのような要因が自殺予防効果を創出したのかという点は検討されていない。

　第4に，自殺関連サイトの問題点を指摘する研究の多くは，実際に起こったネット心中等の事件を対象としてその問題点やメカニズムを研究者が考察するタイプのものが多く，実際の利用者・管理者を対象とした調査が行われていない。実際にこうしたコミュニケーションに関わる者の感じる問題点を明らかにすることは，オンライン相互援助グループの運営にあたって大きな意味があると考えられる。

4-2　本書の目的

そこで，本書の目的を上述の先行研究の問題点を踏まえて以下の4点とした。

①自殺の危険の高い者のアクセスを効率的に集めるため，自殺に関するロボット型検索エンジンの利用状況について調査する。（→第2部）
②自殺の危険の高い者のアクセスを集めるためのホームページのコンテンツとなる「自殺予防に関する情報提供・心理教育」を行い，その影響を検証する。（→第2部）
③インターネットを活用した自殺の危険の高い者の自助グループ活動の影響および予防効果の創出要因について検証する。（→第3部）
④インターネットを活用した自殺の危険の高い者の自助グループ活動の問題点について検討する。（→第4部）

これら一連の調査によってインターネットを利用した自殺予防に関する多面的な実態調査および効果の検証を行い，今後の指針となる基礎資料を作成することが本書の目的である。なお，以上の目的を達成するため，本書は全体で5部構成となった。第2部では，目的①および②について検討をしている。これらはオンライン相互援助グループを運営するウェブサイトを構成する単語（目的①）およびそこから生成される文章（目的②）に関する研究であることから，1つの部としてまとめている。次の第3部では，実際に現在利用されているオンライン相互援助グループでの質問紙等を利用して，その自殺予防効果について検討している。さらに，第4部では，既存のオンライン相互援助グループの問題点について調査を実施した。そして第5部において以上の知見を総合し，自殺予防を目的としたオンライン相互援助グループの理想型について考察を行った。なお，各部内で検討されているテーマに関する具体的なリサーチ・クエスチョンは以下の通りになっている（図4-1）。

なお，今後の研究のために各章の研究・調査の問題点や課題はあえて各章末に示すことにした。

```
┌─────────────────────────────────────────────────────────────────┐
│            第2部　オンライン相互援助グループの構築              │
│  問題意識：オンライン相互援助グループを運営する際には，自殺の危険の高い者を集め │
│    る必要があるが，どのような方法が最も効果的か？               │
│  第5章　自殺に関してどのような言葉が検索されているのか？        │
│  第6章　どの言葉を検索する者の自殺の危険が高いのか？            │
│        （どの言葉をターゲットとして検索エンジン最適化をすれば良いのか？）│
│        （どの言葉を使った検索エンジン連動型広告を出せば良いのか？）│
│  第7章　これらの語を用いて作成した自殺に関する心理教育用のウェブサイトに悪影響│
│        はないか？                                               │
└─────────────────────────────────────────────────────────────────┘
                              ⇩
┌─────────────────────────────────────────────────────────────────┐
│         第3部　オンライン相互援助グループの影響（自殺予防効果）  │
│  問題意識：オンライン相互援助グループは果たして自殺予防効果を持つか？　持つとす │
│    れば，何に意味があるのか？                                   │
│  第8章　実際に運営されているオンライン相互援助グループは自殺予防効果を持ってい │
│        るのか？                                                 │
│  第9章　前章で自殺予防効果が確認されたが，どのようなコミュニケーションに意味が │
│        あるのか？                                               │
│  第10章　相談活動以外にも自殺予防効果を感じている者がいるが，それはどのような │
│        点なのか？                                               │
└─────────────────────────────────────────────────────────────────┘
                              ⇩
┌─────────────────────────────────────────────────────────────────┐
│            第4部　オンライン相互援助グループの問題点            │
│  問題意識：オンライン相互援助グループの持つ問題点や悪影響はどのような点だろう │
│    か？                                                         │
│  第11章　実際に運営されているサイトの問題点について利用者はどう感じているの │
│        か？                                                     │
│  第12章　実際に運営されているサイトの問題点について管理者はどう感じているの │
│        か？                                                     │
└─────────────────────────────────────────────────────────────────┘
```

図4-1　各章の内容のつながり

4-3 用語の定義

最後に，表現上特に重要となってくると考えられる自殺およびインターネット関連用語の定義／意味について確認を行う。本書では各用語を以下の意味で用いる。

自殺関連用語

既存の自殺研究においては，自殺関連行動について様々な用語が使用されている。まず，「希死念慮」とは，死を願う気持ちのことであるが，自殺までは考えていない場合を指す。具体的には，死にたい，消えたい，ずっと眠りたいといった形で表現されることが多い。また，「自殺念慮」とは，自殺という能動的な行為で人生を終わらせようという考えであり，死を願う気持ちの中に自殺という言葉が含まれていることが要件となる。さらに，「自殺行動」は，「自傷のない自殺行動」と「自傷をともなう自殺行動」とを含む概念であり，自傷とは自らの身体に対して傷をつけることを指す。こうした行動の結果として，落命すると自殺（既遂），落命しなければ自殺未遂と呼ばれることになる。これらの用語は学術上一般的に利用されているものである。

本書では，これらに加え，「自殺願望」という用語を使用する場合がある。この用語は，インターネット上で広く用いられる用語であり，質問紙調査においてこの語を用いた方が回答者が答えやすいと推測された場合に自殺念慮とほぼ同義のものとして利用した。さらに，調査協力者がメール調査内にて用いた場合にもそのままの形で利用している場合がある。

インターネット関連語

次に，インターネット利用に関するいくつかの頻出用語の意味をあらかじめ以下に示す。

① SNS：Social Networking Service の略。他者との出会いや関係の促進を目的としたツールを提供する会員制サービスで，自己紹介，ブログ，

掲示板を利用したコミュニティ，メッセージ機能などが利用できる。
　②スレッド：電子掲示板における特定の話題の集合の単位。
　③レス：電子掲示板におけるある発言への反応。
　④フレーミング：Flaming。炎上。利用者間に生じる感情的な論争。
　⑤荒らし：利用者への嫌がらせなどの非生産的な目的で，その場にふさわしくない投稿を繰り返し続ける行為。

　これらの用語は，調査協力者から得られた言語データの中にも散見されるものであるが，ここで定義した内容とほぼ同様の意味であると考えられる。

インターネット上の自殺に関するウェブサイトについて
　上述したことであるが，本書では自殺関連サイトという用語を，自殺念慮・希死念慮を抱いた人を対象として作られているウェブサイトと定義し，自殺関連サイトの定義を満たす電子掲示板を自殺系掲示板と呼ぶ。ただし，利用者への質問紙調査やメール調査内においては「自殺関連サイト」と定義したもののことを「自殺サイト」と呼んでいる場合がある。これは，「自殺サイト」という言葉の一般性を考慮し，調査対象者の理解を促進するために用いたことによる。そのため，調査内にて著者が用いた言葉や調査対象者から得られた言語データ内には「自殺サイト」という言葉が頻出する。また，掲示板という用語は自殺系掲示板の意味で用いている。

第 2 部
オンライン相互援助グループ運営に向けた
ウェブサイトの構築

第5章
インターネットで利用された自殺関連語の特性 [研究1]

5-1 問題・目的──どんな語が検索されるか？

　第1部第4章において先行研究の問題点について言及したが，その1つは自殺関連サイトにアクセスする際の検索エンジンの利用状況について明らかになっていないことであった。インターネットを利用する際にはウェブ上の情報を整理して表示する検索エンジンの利用が欠かせない。現在では，カテゴリごとに検索対象サイトを整理するディレクトリ型検索エンジンよりも，検索対象サイトに関する情報収集と整理を主に被リンク数に基づき自動的に行うロボット型検索エンジンの利用が主流となっている。自殺予防を目的としたオンライン相互援助グループを運営することを考えると，自殺の危険の高い者が検索する可能性の高い検索語に対する検索エンジン最適化[注1]をする必要がある。これは，自殺の危険の高い者，あるいはそうした者をサポートするボランティアをサイトに集めようと考えた場合，こうした人々の目に運営するサイトがとまるようにする必要があるからである。

　こうした観点からなされた研究は世界的に見てもごく少数しか存在しない。アメリカにおいては，こうしたロボット型検索エンジンの利用者の自殺関連語の検索量と自殺率の間に関連があることが示唆されている（McCarthy, 2010）。しかし，自殺と検索エンジン利用との関連についてはこれ以上の検討はない。日本語における検索エンジン利用についても，自殺に関してどのような検索が実施されており，自殺の危険の高い者がどのような検索語を利用する可能性があるのかという点は明らかになっていない。

　そこで，本章の研究では，一般利用者に対して検索状況に関する情報を公

[注1] ターゲットとした検索語の検索結果において自らの運営するウェブサイトがより上位になるように，ウェブページの構成に工夫を加えること。

図5-1　Google Insights for Search の調査画面
http://www.google.com/insights/search/ より

開しているGoogle Insights for Searchを用いて，①自殺関連語の検索状況と自殺関連語間の相互関連を明らかにし，②（自殺率との相互相関を検討することを通じて）自殺の危険の高い者が検索する可能性の高い検索語を検討することを目的とした調査を行った[注2]。

なお，YAHOO! JAPAN の提供するロボット型検索エンジンにおける各検索語の最新の検索状況については，研究実施時点において一般ユーザーに対して情報が公開されていなかった。そのため，本調査ではGoogleを利用することとした。

5-2　方　法

自殺関連語に関するデータ

自殺関連語の検索状況に関するデータは，Google Insights for Searchを利用して収集した。Google Insights for Searchとは世界中のGoogleドメインで行われたウェブ検索を分析し，検索された語句やフレーズの検索ボリューム[注3]を出力できるサービスである（図5-1）。このサービスでは，一

[注2]　自殺率と特定の検索語（例えば「自殺方法」）の検索量との相互相関を検討した結果，検索の増加が自殺の増加の先行指標となっていた場合，検索を通じて自殺に関する情報を得た結果として自殺が生じた可能性があると考えられる。

[注3]　Google Insights for Search では検索回数ではなく，指定した期間・地域における特定の検索語の相対的検索頻度が，最高値が100になるよう正規化されて出力さ

定の検索ボリュームがないと結果が出力されない，短期間に同一ユーザーが連続して行った同一語の検索結果は除外されるなどデータの信頼性を担保するための工夫がなされている。

　まず，2010年3月に，Google Insights for Search の比較基準を「検索クエリ」，検索クエリを「自殺」，フィルタを「ウェブ検索」「日本」「すべての地方」「すべてのカテゴリ」，期間を2004年1月から2009年12月とし，「自殺」に関連の深い人気検索語上位50語を取得した[注4]。上位50語のうち，有名人の名前等の固有名詞を含む検索語4語を調査から除外した。さらに，上位50語には含まれていないものの，自殺率との関連が認められているうつ病関連の検索語（「うつ」「うつ病」「疲れた」）3語を調査対象に追加した（McCarthy, 2010）。その結果，調査対象となった自殺関連語は計49個となった。

　次に，49語全てに関して，Google Insights for Search の比較基準を「検索クエリ」，検索クエリを「各検索語」，フィルタを「ウェブ検索」「日本」「すべての地方」「すべてのカテゴリ」，期間を2004年1月から2009年12月とし，検索語ごとの月別の相対的検索ボリュームを収集した。この方法で習得したデータを以下ではデータセット1とする。

　さらに，49の検索語間の検索頻度の比較を行うため，検索クエリを追加し，48の検索語と「死にたい」の相対的検索度数の比較を行った。具体的には，Google Insights for Search の比較基準を「検索クエリ」，検索クエリ数を2とし，片方に「死にたい」を，もう片方に「48の各検索語」を設定した。さらに，フィルタを「ウェブ検索」「日本」「すべての地方」「すべてのカテゴリ」，期間を2004年1月から2009年12月とし，対象とした期間における「死にたい」の検索ボリュームを100とした際の各検索語の検索ボリュームを算出した。「死にたい」を比較基準としたのは，「自殺」の検索ボリュームが他の検索語の検索ボリュームと差が大きく比較基準として不適切

　　れる。そのため，以下では「検索回数」ではなく「検索ボリューム」という用語を用いる。

　[注4]　Google Insights for Search の調査可能期間は2004年以降である。また，Google Insights for Search では検索行動の時系列的前後関係を利用して検索語間の関連を算出している。

だと考えられたことに加え，「死にたい」の検索ボリュームは全検索語の中でも中程度であり対象期間における検索ボリュームに大きな波がなく比較基準として適切だと考えられたからである。なお，この方法で習得したデータをデータセット2とする[注5]。

自殺率に関するデータ

自殺率の月別データは，厚生労働省の人口動態統計を利用した。なお，以下の統計解析には，SPSS 11.0J を用いた。

5-3　結　果

検索頻度とその推移に関する分類

まず，「死にたい」の検索ボリュームを100とした際の各単語の検索ボリューム（データセット2）を利用し，対象期間における検索ボリュームの平均値（以下，期間内平均）および標準偏差を標準化した得点を用いて，クラスタ分析（平方ユークリッド距離，ward法）を行った。その結果，解釈可能な4つのクラスタが抽出された。なお，各クラスタに含まれる自殺関連語については，表5-1を参照されたい。

次に，各クラスタの特徴を把握するため，得られたクラスタを独立変数，「検索ボリューム」「期間内平均」「標準偏差」を従属変数とした分散分析を行った。その結果，全ての従属変数においてクラスタの主効果は有意であった（順に，$F(3, 45)=34.07, p<.001; F(3, 45)=34.02, p<.001; F(3, 45)=106.95, p<.001$）。TukeyのHSD法を用いた多重比較を行ったところ，「検索ボリューム」についてはクラスタ1と他の全てのクラスタとの間のみに5％水準の有意差が見られた。「期間内平均」についてはクラスタ2と3の間以外，「標準偏差」についてはクラスタ1と3の間以外の全ての組み合わ

[注5]　Google Insights for Searchでは絶対的な検索回数ではなく，指定した期間・地域における特定の検索語の相対的検索頻度が出力される。そのため，データセット1で取得したデータでは，分析対象とした語の間の絶対的な検索回数を比較できない。そこで，特定の語を基準として，データを出力することにより，各検索語間の絶対的な検索回数の比較をしようと試みたのがデータセット2ということになる。

表 5-1 自殺関連語の分類とその特徴

	クラスタ1	クラスタ2	クラスタ3	クラスタ4	多重比較(TukeyのHSD法)					
					1-2	1-3	1-4	2-3	2-4	3-4
検索ボリューム	30.18	14.38	61.79	952.53	*	*	*			
期間内平均	13.37	37.30	45.68	66.25	*	*	*		*	*
標準偏差	13.58	16.59	12.82	9.44	*		*	*	*	*
該当検索語 [表注]	自殺方法 自殺硫化水素 硫化水素自殺 硫化水素 集団自殺 自殺募集 自殺志願 自殺志願者 自殺サイト 焼身自殺 ネット自殺 自殺願望 自殺掲示板 自殺対策 飛び降り自殺	自殺したい 練炭 自殺練炭 練炭自殺 自殺マニュアル 完全自殺マニュアル 自殺サークル 首吊り自殺 飛び込み自殺 樹海自殺 いじめ自殺 自殺薬 自殺画像 自殺者数 自殺予防 自殺防止	自殺者 自殺率 自殺統計 自殺原因 自殺名所 自殺ニュース うつ自殺 うつ病 自殺 いじめ 自殺の方法 自殺未遂 樹海 死にたい 疲れた	自殺 死 うつ うつ病						

*p<.05

[表注] Google Insights for Search における「自殺」と関連の深い検索語の結果においては,「自殺硫化水素」のように「自殺 硫化水素」と検索されたと推察されるものについても,スペースがなく表示される。また,GIS における結果出力の際にも,「自殺硫化水素」と「自殺 硫化水素」は同じ結果が出力される。以上から,これら2つの検索方法に差異はないと判断し,出力されたそのままの形で掲載することとした。

せにおいて 5% 水準の有意差が見られた(表 5-1)。

検索語間の関連

さらに,自殺関連語間の相互関係を視覚化するために,多次元尺度構成法による分析を行った。ここでは,各自殺関連語の月別の相対的検索ボリュームをデータとして利用したため,計量的多次元尺度構成法による検討を行った。なお,SPSS では ALSCAL によるプログラムによって計算が実行されている (Takane, Young, & De Leeuw, 1977)。

分析前の準備として,結果の解釈可能性と散布図の見易さを考慮し,検索

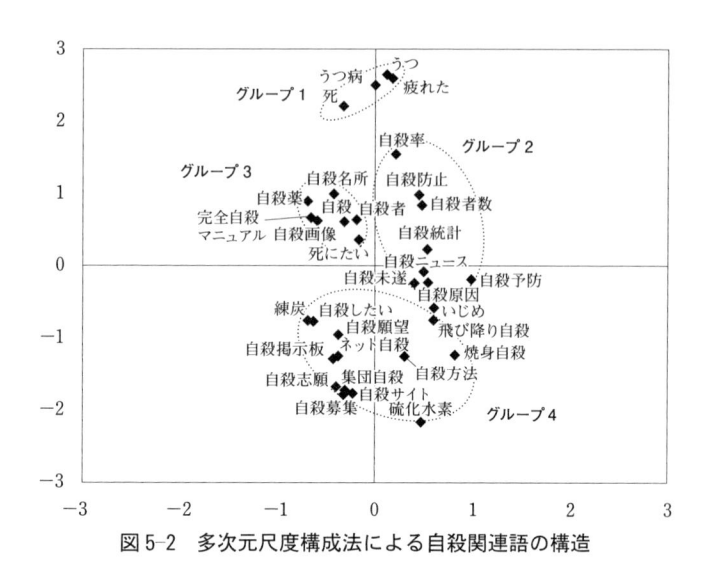

図5-2 多次元尺度構成法による自殺関連語の構造

語の一部に他の検索語を含んでいる，あるいは意味内容がほとんど類似していると考えられる検索語等を削除した（例えば「自殺練炭」「練炭自殺」「練炭」を「練炭」のみに統一）。その結果，分析対象となった検索語は34語となった。多次元尺度構成法による分析の結果，図5-2が得られた。

この図から，自殺関連語は4つの種類に分けることができると考えられた。各グループには包含する検索語の内容から，以下のように名前を付けた。グループ1は，「うつ」「うつ病」「疲れた」「死」といった検索語を含むことから，「うつ関連」と名付けた。グループ2は「自殺率」「自殺者数」「自殺統計」「自殺予防」「自殺防止」などを含むことから，「予防・客観情報」と名付けた。グループ3は「自殺画像」「自殺名所」に加え，「死にたい」という希死念慮を示す語を含む。これに対し，グループ4は「ネット自殺」「練炭」「集団自殺」「硫化水素」「焼身自殺」といった自殺方法に関する検索語を中心に「自殺したい」「自殺願望」といった自殺念慮を示す語が含まれており，グループ3はグループ4に比し自殺の危険性の程度がやや低いと考えられた。そこで，グループ3を「希死念慮関連」とし，グループ4を「自殺方法関連」と名付けた。

表 5-2 自殺関連語と自殺率の相互相関

タイムラグ（月）	自殺	うつ	自殺方法	自殺ニュース	死にたい	
−3	.09	.31**	−.12	.08	.03	自殺先行
−2	−.03	.43**	−.05	.07	−.07	
−1	.04	.42**	.09	.16	.07	
0	.07	.25*	.09	.17	.00	同一時点
1	.01	.09	.06	.15	.12	
2	−.11	−.18	−.05	−.06	−.09	
3	−.19	−.30**	−.13	−.07	−.13	検索先行

$^{*}p<.05, ^{**}p<.01$

自殺率と検索との相互相関

上述のグループごとに，そのグループを代表する検索語を一つ選出し，自殺率との相互相関を算出した（表 5-2）。選定した語は，グループ1から「うつ」，グループ2から「死にたい」，グループ3から「自殺ニュース」，グループ4から「自殺方法」であり，これに「自殺」を加えた。各グループからの検索語の選定は，グループの代表性と検索ボリュームの大きさを勘案して行った。なお，相互相関のタイムラグの幅（前後3ヵ月間）はメディアが自殺に与える影響に関する先行研究（Ishii, 1991）を参考に決定した。

その結果，自殺率と有意な相関が見られた検索語は「うつ」のみであり，その他については有意な相関は見られなかった。「うつ」の検索ボリュームは，当月ないしそれ以前の自殺率と有意な正の相関を持っており，3ヵ月後の自殺率と負の相関を持っていた。

5-4 考 察

検索状況

本研究の結果から，自殺関連語はその検索状況（検索ボリューム，期間内平均，標準偏差）から4つのタイプに分類することができると考えられる。表 5-1 に従い，分析結果として生成された各クラスタの特徴を考察する。

クラスタ1には「硫化水素」や「ネット自殺」など自殺方法に関連する検索語が多く含まれており，期間内平均が低い点が特徴である。これは，

Google Insights for Search の出力結果が指定した期間内における検索頻度の最高値が 100 となるよう返されることを考慮すれば，硫化水素自殺やネット自殺の報道に伴い特定の時期にのみ爆発的な検索の増加を示した自殺関連語の集まりであると考えられる。なお，このクラスタには「自殺対策」という語も含まれている。ローデータからは，2006 年 6 月の自殺対策基本法の公布に伴い検索ボリュームが大幅に増加している点が読みとれるが，それ以外の期間においてはあまり検索されてはいなかった。このようなパターンの類似性のため，クラスタ 1 に分類されたと考えられる。

クラスタ 2 は検索ボリュームそのものが低く，期間内における検索ボリュームの標準偏差が他のクラスタよりも大きいことが特徴となっている。また，検索語そのものの文字数も他のクラスタに比べると比較的長いものが多い（例えば「完全自殺マニュアル」「自殺マニュアル」「飛び込み自殺」）。期間内平均はクラスタ 1 の次に低いことから，クラスタ 2 に分類された検索語は，特定の時期にある程度話題となり検索数が上昇したものの，相対的にはそれほど関心の高いキーワードではない検索語であると考えられる。

クラスタ 3 は検索状況を示す全ての値がどれも中程度となっている。このクラスタに含まれる検索語には，クラスタ 1 や 2 と比べると具体的な自殺方法などに関するものが少なく，自殺に関する客観的な情報等（例えば「自殺統計」「自殺ニュース」「自殺率」）に関するものが散見される。クラスタ 3 は，安定して一定程度の検索ボリュームが見込める検索語の集まりだと考えられる。

クラスタ 4 （「自殺」「死」「うつ」「うつ病」）の特徴は検索ボリュームが他のクラスタに比べ 10 倍以上の値を示していることである。含まれる単語の文字数も 1～3 文字と短く，頻繁に検索される検索語の集合であると考えられる。

検索語間の構造と検索状況

各検索語の検索パターンの時系列的関連を多次元尺度構成法により視覚化したところ，概ね 4 つのまとまりがあると考えられた。検索ボリュームの平均および標準偏差を用いたクラスタ分析による分類が検索語の文字数の影響

を強く受けるのに対し，多次元尺度構成法による視覚的近接性（＝検索時期のパターンの類似度）は検索語の意味内容の類似度を示していると考えられる[注6]。それでは，多次元尺度構成法によって得られた視覚的なまとまりと，検索ボリュームの平均および標準偏差から求められたクラスタとの関連はどのようになっているだろうか。

　これらの検索語の検索状況を見ると，「うつ関連」に含まれた検索語には検索状況の分類におけるクラスタ4に分類されるものが多く含まれており，自殺関連語の中では検索回数が安定しておりかつ多いと考えられる。次に，「予防・客観情報」に含まれた検索語には検索状況の分類におけるクラスタ3に分類されるものが多く含まれており，一定程度の検索数が得られる一群であると考えられる。さらに，「希死念慮関連」はクラスタ2が多く，検索数はそれほど多くはないと考えられる。最後に，「自殺方法関連」にはクラスタ1が多く含まれており，今後も硫化水素自殺やネット心中のような群発自殺が生じた際には爆発的な検索数を記録する可能性があると考えられる。

相互相関

　先行研究（McCarthy, 2010）においてインターネットにおける自殺関連語の検索ボリュームと自殺率が正の相関を持っているという結果は得られていたが，検索と自殺との因果関係に踏み込んだ調査はなされていなかった。そこで本研究では，自殺関連語のグループからそれぞれ1語を選定して，自殺率との相互相関を検討した。仮に，その自殺関連語の検索の後に自殺率の上昇が見られた場合，その検索語の利用者は自殺の危険に瀕した状態であったと考えることが可能だからである。

　しかしながら，本研究の結果からは「うつ」を除く自殺関連語と自殺率との間に相関は見られなかった。硫化水素自殺の群発自殺化などインターネッ

[注6]　Googleなどのロボット型検索エンジンを用いて自殺方法に関する情報を得ようと考えた場合，「自殺方法」という言葉で目的としていた情報が得られればそこで検索を終える。しかし，1回の検索で十分な情報が得られなかった場合，類似の単語（あるいはその組み合せ）で再度の検索を実施することになる。このような検索行動のパターンを考えると，同じ意味内容の検索語は時間的に近接して検索されることが多くなると考えられる。

トを介した新たな自殺の危険性は確かに存在するものの，自殺に関するインターネット利用が統計的なレベルで自殺率の推移に影響を与える可能性は低いと考えられる。むしろ，「うつ」の検索ボリュームが当月ないしそれ以前の時点の自殺率と中程度の正の相関を持つことを考慮すれば，自殺関連語に関する検索と既遂自殺との間の因果関係は，自殺率が検索ボリュームに与える影響の方が強いと考えられる。つまり，自殺に関する検索が既遂自殺に影響を与えているというよりは，既遂自殺が増えることにより自殺に関する社会的関心が高まり「うつ」に関する検索が増える，と言うことができそうである。

また，「うつ」の検索ボリュームと3ヵ月後の自殺率の間には負の相関が存在した。これは「うつ」に関する検索数が増えると3ヵ月後の自殺率が減少することを意味する。現在，日本における自殺予防はうつ病対策に重点が置かれており，「うつ」の検索結果の上位や検索連動型広告にはうつ病に関する心理教育を実施するものや援助資源への連絡先を記載したウェブサイトが並んでいる。本研究の結果は，こうしたサイトが予防的に機能している可能性を示唆している。

問題点と今後の課題

最後に，本研究の問題点を3点挙げる。第1に，本章における研究は，限られた期間と特定の言語における検索を対象として実施したものであり，結果の一般化には注意を要する。ロボット型検索エンジンの利用の一般化は現代的な現象であり，時系列データの蓄積には時間を要する。今後は，より長期的なデータを利用し分析していく必要があると考えられる。第2に，本研究で利用したデータはGoogle Insights for Searchを利用して取得したものであり，これらはGoogleドメインにおける検索を対象としている。わが国における検索エンジンの総検索数の約5割はYAHOO! JAPANが，そして約4割をGoogleが占めているが（comScore, 2009），YAHOO! JAPANにおける自殺関連語の検索状況を扱うことは出来ていない。第3に，自殺関連語の検索状況に関する示唆が得られたが，こうした自殺関連語の検索行動の背景にある動機は明らかにされていない。「自殺方法」「硫化水素」といった

比較的動機の推測しやすいものから,「疲れた」といった検索動機の推測の難しいものまで自殺関連語には多様なものが存在する。各自殺関連語の検索行動の背景にある検索動機を明らかにすることは,自殺関連語の検索行動を自殺予防活動に結びつける際に重要な点であり,今後の検討が望まれる。

第6章
自殺関連行動と検索エンジン利用の関連 [研究2]

6-1　問題・目的──検索者の特徴は？

　前章では，検索エンジンにてよく用いられる自殺関連語を分類し，自殺率との時系列的関連から，自殺の危険の高い者が検索すると考えられる検索語を明らかとすることを試みた。その結果，検索エンジンに打ち込まれる自殺関連語は，検索ボリュームの多い「うつ関連」のもの，検索ボリュームが中程度の「予防・客観情報」に関するもの，検索ボリュームが少ない「希死念慮関連」のもの，一時的に爆発的な検索ボリュームの増加が見られた「自殺方法関連」のものに分類可能であった。これらの検索語のうち，「うつ」「疲れた」「自殺方法」といった検索語が自殺率と時系列的関連を有していることが示唆されたものの，自殺率の先行指標として機能している検索語を見つけることは出来なかった。

　つまり，前章の研究では，自殺の危険性の高い者が検索をする検索語については明らかにならなかった。前章で調査対象となった自殺方法等に関するインターネット検索はメディア報道により一時的に爆発的に増加してしまうという性質を有していた。そのため，自殺率との時系列的関連を検討しても関連が見られないという方法論上の問題が含まれていたと考えられる。

　そこで，本章の研究では，「インターネット上で用いられる検索語のうち，利用者の自殺の危険性を予測するものはどれか」という問題を明らかとするために，前章とは異なるアプローチで研究を行った。具体的には，自殺に関連の深い検索語の検索歴と過去の自殺念慮／自殺関連行動歴および現在のメンタルヘルスの状況との関連を検討した。本調査により，特定の検索語を検索する者のメンタルヘルスの状況および自殺のリスクファクター（例えば，自殺企図歴）の有無が明らかになると考えられる。

6-2 方法

手続き

2011年2月，日本の大手インターネット調査会社の保有するアンケート・モニターを対象に調査を実施した。本調査では，研究予算の都合から，20・30代の男女についてそれぞれ250名分の回答を得ることを目標と定め（計1000名），質問紙の配信を行った。調査の目的は自殺の危険性の高い者が検索する可能性の高い自殺関連語を明らかとすることであるが，未成年への調査は研究倫理上難しいと判断した。また，自殺に関するやり取りを目的として設立された電子掲示板の利用者への調査（第3部参照）の結果において，利用者の中心が20代と30代であることが示唆されていたことから，40代以上の者も調査対象としなかった。

調査においては，まず，自殺の危険の高い者を本調査から除外するためのスクリーニング調査を1836名に対して実施した。質問紙の配布は調査会社からのメールおよびポータルサイトを介して実施された。配布数は，想定される調査協力率から最終的な調査協力者数が約1000名になるよう逆算し決定した。スクリーニング調査では，調査への同意が得られた1302名のうち，「この1ヵ月間にあなたは，自殺を計画したり，自殺を試みたことがありますか」という質問項目に「はい」と答えた23名が除外された。本調査の対象となった1279名のうち，本調査の質問紙にアクセスした者が1093名おり，1060名が回答を完了した。この中から，調査会社との契約に従い，各世代と性別が250名ずつになるようランダムにサンプリングした上で，データが著者に納入された。

次に，調査実施時の倫理的配慮について説明する。先行研究においては，自殺に関する質問紙調査の実施が自殺念慮を悪化させることはないという結果が存在する（Gould, Marrocco, Kleinman, et al., 2005）。ただし，調査対象者の中には自殺の危険性の高い者が含まれる可能性がある。そこで，調査協力者に対し，調査の説明および参加の同意を得る段階において，質問紙の閲覧・回答による気分変容の可能性があることの周知を徹底した。また，上述のようにスクリーニング段階において1ヵ月以内に自殺の計画／企図をした

自殺の危険の高い者を除外した上で本調査を実施した。さらに，本調査の質問紙への回答中に，適宜，援助資源となる連絡先への情報をまとめたホームページへのリンクを表示した。なお，この研究は東京大学ライフサイエンス委員会倫理審査専門委員会による審査を経た上で実施されたものである。

質問項目

本調査で用いた調査項目は下記の通りである。自殺に関する心理的変数については，先行研究（Shneidman, 1993；高橋，2007）を参考に，自殺念慮・抑うつ／不安傾向・孤独感，について検討することとした。

検索エンジン利用経験　「自殺」「死にたい」「自殺方法」「硫化水素」「練炭」「首吊り」「自殺サイト」「うつ」「疲れた」「死」という 10 の検索語について，それぞれ過去にインターネットで検索したことが「ある／ない」の 2 件法で質問をした。これらの検索語を選定するにあたっては，前章の結果を参考に，自殺に関する検索語の 4 分類のうち，「予防・客観情報」以外の 3 群から，群ごとのバランスを考慮しながら検索ボリュームの多いものを選んだ。具体的には，「希死念慮関連」から「自殺」「死にたい」を，「自殺方法関連」から「自殺方法」「硫化水素」「練炭」「首吊り」「自殺サイト」を，「うつ関連」から「うつ」「疲れた」「死」をそれぞれ選んだ。

自殺念慮／関連行動　自殺念慮／関連行動については，過去の自殺念慮の有無（あなたはこれまでに，本気で死んでしまいたいと考えたことがありますか？），自殺の計画の有無（あなたはこれまでに，真剣に死ぬことを計画したことがありますか？），自殺企図の有無（あなたはこれまでに，自殺を試みたことがありますか？）について尋ねた。回答は「ある／ない」の 2 件法である。なお，自殺念慮／関連行動に関する項目の文言は，先行研究（松本・今村，2009）を転用した。

自殺念慮　自殺念慮については，日本版自殺念慮尺度を用いた（大塚・瀬戸・菅野ら，1998）。この尺度は Scale for Suicide Ideation（Beck, Kovacs, & Weissman, 1979）を翻訳して作成されたものであり，1 因子 13 項目からなる（項目例：自殺したいという気持ちはどのくらいの頻度で起こりますか，あなたは自殺の準備をしていますか）。得点は，自殺念慮が高いと思われる方

から 2～0 点が与えられる。大塚ほか（1998）は大学生 344 名に対しこの尺度による調査を実施し，信頼性および妥当性が確認されている（$\alpha=.85$）。なお，原尺度（19 項目）は他者評定法であったが，邦訳に際し日本の社会文化的な環境を考慮した設問に変更した上で自己評定法とされている。

抑うつ・不安傾向　抑うつ・不安傾向については，日本版 K6（6 項目）を用いた（Furukawa, Kawakami, Saitoh, et al., 2008）。各項目は「全くない（1点）」から「いつも（5点）」の 5 件法で尋ねられた（項目例：神経過敏に感じましたか，気分が沈み込んで何が起こっても気が晴れないように感じましたか）。原尺度はケスラーら（Kessler, Andrews, Colpe, et al., 2002）が項目反応理論に基づき提案した精神疾患を効率よく拾い上げるスクリーニング尺度である K10 の短縮版であり，General Health Questionnaire と比較しても，さらにスクリーニングすべき標的疾患の検出力が高くなっていることが確認されている。再翻訳法によって作成された日本語版についても，オリジナルと同等のスクリーニング・パフォーマンスを示すことが明らかになっている。

孤独感　孤独感については，落合（1983）が作成した孤独感の類型判別尺度の下位尺度である LSO-U（Loneliness Scale by Ochiai-U）を用いた（項目例：私のことに親身に相談相手になってくれる人はいないと思う）。各項目は「はい」から「いいえ」の 5 件法で尋ねられ，孤独感の低い方から $-2, -1, 0, 1, 2$ 点が与えられた。なお，この尺度は，Revised UCLA Loneliness Scale（Russell, Peplau, & Cutrond, 1980）や Loneliness Scale（Jong-Gierveld, 1987）との関連から妥当性が確認されている。また，1 ヵ月および 6 ヵ月の間を開けた再検査法によって信頼性を検討した結果，高い信頼性（$.66<r<.83$）を有することが確認されている。

デモグラフィック項目　性別／年齢について質問した。

調査協力者の概要

調査協力者は，20 代男性／20 代女性／30 代男性／30 代女性の各クラスタが 250 名ずつ，合計 1000 名であった。平均年齢は，30.6 歳（$SD=5.4$）であった。

統計解析

　回収されたデータの記述統計を示した後,各検索語の検索経験のある者とない者の,自殺念慮,抑うつ／不安傾向,孤独感,についてそれぞれ t 検定(両側検定)によって比較した。次に,検索経験の有無と自殺念慮・自殺の計画・自殺企図との関連を検討するために Pearson の χ^2 検定(単変量解析)を実施した。さらに,交絡要因の影響と第 1 種の誤りの混入を除外し,自殺念慮・自殺の計画・自殺企図と直接的に関連する検索経験を明らかにするため,自殺念慮・自殺の計画・自殺企図を従属変数とし,かつ,単変量解析において $p<.05$ を示した全検索語を独立変数として,多変量解析(2 項ロジスティック回帰分析)を行った。その際,変数増加法による変数投入を行うことで,単純かつ適切なロジスティックモデルを求め,抽出された各変数のオッズ比を算出した。全ての分析には,SPSS 19.0J for Windows を用いた。

6–3　結　果

自殺に関する検索エンジン利用経験

　「自殺」については 11.6%,「死にたい」については 6.1%,「自殺方法」については 7.0%,「硫化水素」については 5.1%,「練炭」については 4.3%,「首吊り」については 2.6%,「自殺サイト」については 5.1%,「うつ」については 26.4%,「疲れた」については 9.7%,「死」については 3.6% の者が検索をしたことがあると回答した。

　なお,各検索語の利用経験と性別の関連について χ^2 検定で検討したところ,いずれの検索語についても関連は見られなかった(順に,$\chi^2(2)=.16$, *n.s.*; .86, *n.s.*; .55, *n.s.*; 2.50, *n.s.*; 2.94, *n.s.*; .63, *n.s.*; 1.67, *n.s.*; 3.48, *n.s.*; .93, *n.s.*; .12, *n.s.*)。また,各検索語の利用経験と年代(20／30 代)の関連について χ^2 検定で検討したところ,いずれの検索語についても関連は見られなかった(順に,$\chi^2(2)=3.70$, *n.s.*; .25, *n.s.*; .55, *n.s.*; 2.50, *n.s.*; 2.94, *n.s.*; .16, *n.s.*; 1.01, *n. s.*; 2.06, *n.s.*; 3.30, *n.s.*; .12, *n.s.*)。

表6-1 自殺念慮，抑うつ／不安傾向，孤独感を従属変数とした t 検定の結果

検索語	検索経験	自殺念慮 ($\alpha=.88$)				抑うつ／不安傾向 ($\alpha=.92$)				孤独感 ($\alpha=.94$)			
		M	SD	t	df	M	SD	t	df	M	SD	t	df
自殺	あり	5.9	4.9	7.8	128.8***	14.6	6.2	7.4	132.9***	−1.3	9.9	4.5	138.5***
	なし	2.3	3.2			10.1	4.7			−5.7	8.6		
死にたい	あり	8.0	4.4	9.8	64.4***	18.2	6.0	10.3	64.8***	4.0	8.8	8.7	998.0***
	なし	2.4	3.3			10.2	4.6			−5.8	8.5		
自殺方法	あり	7.3	5.3	7.7	73.0***	15.0	6.0	6.4	76.2***	0.9	9.6	6.1	998.0***
	なし	2.4	3.2			10.3	4.9			−5.6	8.6		
硫化水素	あり	4.7	4.8	3.1	53.0**	12.5	5.3	2.6	998.0**	−2.3	9.9	2.4	998.0*
	なし	2.6	3.6			10.5	5.1			−5.3	8.8		
練炭	あり	5.5	4.9	3.9	44.0***	13.7	6.1	3.3	44.6**	−1.8	10.1	2.6	998.0*
	なし	2.6	3.5			10.5	5.0			−5.3	8.8		
首吊り	あり	6.2	5.1	3.6	25.7**	14.7	7.2	2.9	25.7**	−1.1	9.7	2.4	998.0*
	なし	2.6	3.6			10.5	5.0			−5.3	8.8		
自殺サイト	あり	6.7	4.6	6.4	53.1***	14.3	5.3	5.3	998.0***	−1.4	8.8	3.1	998.0**
	なし	2.5	3.5			10.4	5.0			−5.4	8.8		
うつ	あり	4.5	4.6	8.3	345.9***	14.2	6.1	11.8	347.4***	−2.5	9.5	5.5	418.6***
	なし	2.0	3.0			9.4	4.0			−6.1	8.4		
疲れた	あり	5.6	4.0	7.6	111.9***	16.1	5.6	10.3	111.0***	0.6	9.5	7.0	998.0***
	なし	2.4	3.5			10.1	4.7			−5.8	8.5		
死	あり	7.8	4.9	6.4	36.3***	17.1	6.2	6.4	36.6***	0.8	10.0	4.2	998.0***
	なし	2.5	3.5			10.4	4.9			−5.4	8.7		

***$p<.001$, **$p<.01$, *$p<.05$

自殺に関する検索エンジン利用経験と自殺に関する心理的変数の関連

自殺に関する心理的変数の測定に用いたいずれの尺度についても十分な内的一貫性が見られた（$\alpha=.88\sim94$）。そこで，以下の分析では項目得点の合計点を用いた。自殺に関する検索エンジン利用経験のある者の心理的特徴を検討するため，各検索語の利用経験の有無を独立変数，自殺に関する心理的変数（自殺念慮，抑うつ／不安傾向，孤独感）を従属変数とした t 検定を実施した。

分析の結果（表6-1参照），全ての分析において統計的な有意差が確認された。どの検索語についても，検索経験のある者の方がない者よりも自殺念慮が高く，抑うつ／不安傾向が高く，孤独感が高かった。

自殺に関する検索エンジン利用経験と自殺念慮／関連行動の関係

全ての検索語の検索経験の有無と過去の自殺念慮・自殺の計画・自殺企図

表6-2 自殺念慮と自殺関連語の検索経験の関連

検索語	検索経験	自殺念慮 あり	自殺念慮 なし	χ^2	OR	95%CI
自殺	なし	245	639	73.3***	2.0**	1.2-3.4
	あり	78	38			
死にたい	なし	269	670	93.9***	4.9***	2.0-11.7
	あり	54	7			
自殺方法	なし	269	661	69.2***	3.2**	1.6-6.3
	あり	54	16			
硫化水素	なし	299	650	5.4*		
	あり	24	27			
練炭	なし	298	659	13.7***		
	あり	25	18			
首吊り	なし	306	668	13.4***		
	あり	17	9			
自殺サイト	なし	289	660	29.0***		
	あり	34	17			
うつ	なし	170	566	108.0***	2.7***	2.0-3.8
	あり	153	111			
疲れた	なし	253	650	78.1***	3.0***	1.8-5.1
	あり	70	27			
死	なし	293	671	44.5***		
	あり	30	6			

***$p<.001$, **$p<.01$, *$p<.05$
OR：Odds Rate, CI: Confidential Interval

との関連に関する分析の結果を従属変数ごとに示したものが表6-2, 6-3, 6-4である。Pearsonのχ^2検定の結果，自殺念慮と自殺の計画については全ての検索語の検索経験との間に有意な関連が見られた。自殺企図については，「硫化水素」を除く全ての検索語との間に有意な関連が認められた。

続いて，単変量解析において有意な関連が見られた検索語を独立変数とするロジスティック回帰分析の結果であるが，自殺念慮については，「自殺」「死にたい」「自殺方法」「うつ」「疲れた」が有意に関連する変数として抽出された。自殺の計画については，「自殺」「死にたい」「自殺方法」「うつ」との有意な関連が示された。自殺企図については，「死にたい」「自殺方法」「自殺サイト」「うつ」との有意な関連が示唆された。

表 6-3 自殺の計画と自殺関連語の検索経験の関連

検索語	検索経験	自殺の計画 あり	自殺の計画 なし	χ^2	OR	95%CI
自殺	なし	67	817	91.1***	1.9*	1.0–3.5
	あり	43	73			
死にたい	なし	74	865	153.0***	6.2***	3.2–11.9
	あり	36	25			
自殺方法	なし	73	857	134.7***	4.9***	2.5–9.6
	あり	37	33			
硫化水素	なし	100	849	4.1*		
	あり	10	41			
練炭	なし	99	858	9.8**		
	あり	11	32			
首吊り	なし	99	875	26.7***		
	あり	11	15			
自殺サイト	なし	88	861	56.7***		
	あり	22	29			
うつ	なし	51	685	47.2***	2.0**	1.2–3.2
	あり	59	205			
疲れた	なし	85	818	23.9***		
	あり	25	72			
死	なし	91	873	66.6***		
	あり	19	17			

***$p<.001$, **$p<.01$, *$p<.05$
OR：Odds Rate, CI: Confidential Interval

6-4 考 察

　本研究では，調査協力者の過去のインターネット上での自殺に関する検索エンジンの利用経験の有無と現在の自殺に関連の深いメンタルヘルスの指標との関連，自殺念慮および自殺関連行動の経験の有無との関連を検討することを通じて，自殺の危険の高い者の検索する可能性の高い検索語を明らかとすることを目的とした調査を行った。その結果，いくつかの検索語を除けば，検索エンジンにて自殺に関する検索語を検索したことのある者はない者に比べ，自殺念慮・抑うつ／不安傾向・孤独感が高いことが示唆された。また，ほぼ全ての検索語の検索経験と過去の自殺念慮／関連行動の経験について関

表6-4 自殺企図と自殺関連語の検索経験の関連

検索語	検索経験	自殺企図 あり	自殺企図 なし	χ^2	OR	95%CI
自殺	なし	37	847	57.7***		
	あり	26	90			
死にたい	なし	44	895	67.9***	3.2**	1.5–6.7
	あり	19	42			
自殺方法	なし	41	889	80.5***	2.8*	1.2–6.2
	あり	22	48			
硫化水素	なし	57	892	2.7n.s.		
	あり	6	45			
練炭	なし	57	900	4.5*		
	あり	6	37			
首吊り	なし	54	920	36.3***		
	あり	9	17			
自殺サイト	なし	45	904	76.5***	3.9**	1.7–9.1
	あり	18	33			
うつ	なし	25	711	39.8***	2.8***	1.5–5.0
	あり	38	226			
疲れた	なし	48	855	15.3***		
	あり	15	82			
死	なし	50	914	56.2***		
	あり	13	23			

***$p<.001$, **$p<.01$, *$p<.05$
OR：Odds Rate, CI: Confidential Interval

連が示唆された。以下では，これらの結果に関する考察を行う。

自殺に関する検索エンジン利用経験と自殺に関する心理的変数の関連

　古川・大野・宇田ほか (2003) は，K6 について，有病率 10% 程度の集団において精神疾患である確率が 50% 以上の検査後確率の集団を得たい場合 15 点をカットオフとして用いるのが適切であると指摘している。本章の結果を見ると，「死にたい」「自殺方法」「疲れた」「死」の検索群が 15 点を超えており，精神疾患に罹患している者を含む可能性が特に高い群であると考えられる。次に自殺念慮得点であるが，大塚ほか (1998) の一般大学生 344 名を対象とした調査では，自殺念慮得点の平均は 3.7（$SD=3.9$）となっている。本研究の自殺関連語の検索経験がある群の得点の平均は 4.5–8.0

（$SD=4.0$–5.3）となっており，大学生の平均点を上回っている。10 語の中では相対的に見ると，「死にたい（8.0）」「死（7.8）」「自殺方法（7.3）」が高い値を示している。最後に，孤独感得点であるが，落合（1983）は LSO-U について，0 点以上を高孤独感群としている。検索経験がある群の孤独感の平均得点が 0 点をこえるものには，「死にたい（4.0）」「自殺方法（0.9）」「死（0.8）」「疲れた（0.6）」が見られる。これらの結果に繰り返し登場する「死にたい」や「自殺方法」を検索する者は自殺の危険性が高い者である可能性が高い。

　また，これらの結果に加え，「うつ」「疲れた」「自殺方法」が自殺率と時系列的相関関係を持つこと[注1]，「うつ」と「死」，「うつ」と「疲れた」の検索パターンが類似していることを考慮すると，多様な人が検索する可能性の高い「うつ」という検索語に比べ，その近縁であるものの検索する人の少ない語である「死」や「疲れた」という検索語を検索する人が自殺の危険性が高い人である可能性は高いものと考えられる。なお，Google Insights for Search を利用し，「疲れた」という検索語の前後によく検索されているフレーズを抽出すると，「疲れ」に続いて「疲れた　人生」「人生　疲れた」というフレーズが出力される[注2]。そのメカニズムが公開されているわけではないサービスを用いた結果から性急に結論を出すことは避けるべきではあるものの，こうした結果の存在も，「疲れた」などのうつ関連の語が自殺の危険の高い人によって検索されている可能性を支持するものと考えられる。心理学的剖検調査において自殺者が生前に罹患していた精神障害のうちもっとも割合が多いものがうつ病であることが明らかになっていることも（張，2006），本研究で得られた知見と一致するものであると考えられる。

自殺に関する検索エンジン利用経験と過去の自殺念慮／関連行動の関係

　自殺念慮を抱いた者の 34％ は具体的な自殺の計画をたてており，自殺の

　　[注1]　前章参照。なお，前章では，「死」の検索量と自殺率との時系列的関連について検討していない。
　　[注2]　GIS の比較基準を「検索クエリ」，検索クエリを「自殺方法」，フィルタを「ウェブ検索」「日本」「すべての地方」「すべてのカテゴリ」，期間を「2004 年〜現在」として実行した（2011 年 2 月 11 日現在）。

計画をたてた者の 72% は実際に自殺企図に及んでいたことが先行研究によって明らかになっている（Kesseler, Borges, & Walters, 1999）。これは，自殺念慮や自殺の計画をたてることが将来の自殺企図へとつながっていくことの傍証である。将来の自殺を予測する際の最も重要なリスクファクターが過去の自殺企図経験であることを考慮すれば，自殺念慮や自殺の計画を抱くことも将来の自殺行動を予測する重要な要因であると考えられる。本章の結果は，調査対象とした全ての検索語の検索経験と自殺念慮・自殺の経験・自殺企図の有無に関連があることを示していたが，ここから，これらの検索語の利用者は自殺のリスクの高い一群であると考えられる。

　それではどのような検索語を利用している場合に自殺の危険性が高いのだろうか。ロジスティック回帰分析において，最も重要な自殺のリスクファクターである自殺企図と関連が見られたのは，「死にたい」「自殺方法」「自殺サイト」「うつ」の 4 語であった。反対に，特定の自殺方法に関する情報を検索していたと考えられる「硫化水素」「練炭」「首吊り」といった語については，関連が見られなかった。ここから，具体的な自殺方法に絞って検索をしている場合よりも，自殺方法全般に関する情報収集をしている場合，自殺念慮を直接に検索窓に打ち込んでいる場合，自殺と最も関連の深い精神障害であるうつ病に関する情報を調べている場合の方が利用者の自殺の危険性は高い可能性がある。こうした傾向は，自殺企図のみならず自殺念慮や自殺の計画を従属変数とした分析においても変わらない。特に，3 つの分析において共通して抽出された「死にたい」「自殺方法」「うつ」の 3 語については，検索連動型広告などを利用した検索エンジンへの自殺対策を強化していく必要があると考えられる。

問題点と今後の課題

　最後に，本研究の問題点を述べる。第 1 に，本調査は単一の調査会社に登録するアンケート・モニターに対して実施されたものであり，結果の一般化可能性には注意を要する。インターネット調査会社にモニター登録をしていることから，調査協力者はインターネット利用量が一般に比べて多い者に偏っている可能性が高い。また，倫理上の配慮から過去 1 ヵ月以内に自殺の計

画／企図があったと回答した 23 名に対しては本調査を実施していない。このため，最も自殺の危険の高い者が本調査の結果からは除外されていることにも留意が必要である。第 2 に，調査対象となった自殺関連語は 10 語のみである。これらは，自殺に関する検索語の中でも検索量が多いものではあるものの，全ての検索語を網羅しているわけではない。今後は，各検索語について研究するのではなく，検索目的に応じて検索語を分類・合成する等の方法により，より広範な検索語を分析に組み込む工夫が必要になると考えられる。

　以上のような限界を有するものの，本章で得られた知見は，自殺関連語を利用した検索行動をしたことがある者は自殺念慮・抑うつ／不安傾向・孤独感が高く，援助が必要だと考えられる状態にあるということを実証した点に意義がある。また，特に，「自殺方法」「死にたい」に加えうつ関連語の検索経験のある者のメンタルヘルスの状態が悪く，これらの語を検索したことがある者は自殺の最大のリスクファクターである自殺企図の経験がある確率が高いことを実証した点において一定の重要性を有すると考えられる。

第7章
自殺予防サイトの閲覧の影響 [研究3]

7-1 問題・目的――サイト閲覧の影響は？

　前章までに，自殺に関してどのようなウェブ検索が行われており，どのような検索語を検索する者の自殺の危険性が高いのか，という点が明らかにされた。特に，「自殺方法」「死にたい」に加えうつ関連語の検索を行っている者が将来の自殺の最大の予測要因である自殺企図歴を有している可能性が高いことが明らかになった。これに加え，第5章では，自殺に関連の深い検索語をグルーピングすることにより，自殺に関心も持つ人々がどのようなことに興味を持つのかという点も明らかとなった。これらの研究は，自殺予防を目的としたオンライン相互援助グループを運営する際の土台となるサイトを，どのように作成すれば良いのか，という指針になるものである。

　本章では，第6章および第5章までの検索エンジン研究から明らかとなった，自殺に関心を持つ人々が興味を持つテーマに関するコンテンツを，自殺の危険の高い者が検索する可能性の高い検索語を用いて作成し，その閲覧の影響を検討する。

　なぜこのような研究が必要なのであろうか。第1部でも紹介したIsraeli Association for Emotional First AidやSAHARが既に実施しているように，自殺予防を目的としたオンライン相互援助グループを運営する場合には利用者を効果的に集めるためのウェブ上のコンテンツが必要となる。実際にこうした団体では，自殺や自殺予防方法に関する「情報提供・心理教育」に関するページを作成している。これは，自殺の危険の高い者をオンライン相互援助グループに収集し，危機介入を行う場を作るためである。そのため，前章までの研究で自殺の危険性の高い者が検索していると考えられる検索語を明らかにしたのである。そこで明らかとなった「自殺方法」や「死にた

い」，うつ関連語について検索エンジン最適化をした上でウェブサイトを作ることによって，自殺の危機介入のターゲットとなるべき人々のアクセスを効率的に集められるはずである。

　しかしながら，こうしたページでの情報提供が有害ではないと言いきることはできない。先行研究を概観すると，インターネットを介した自殺に関する情報提供，援助専門家や専門家を目指す者あるいは行政や政策立案者に対する教育効果を狙った試みおよびその効果研究は行われている（Cohen & Putney, 2003; Seabury, 2005）。ただし，一般のインターネット利用者への影響についての研究は行われていないからである。

　そこで，本章では，実際に自殺予防情報提供サイトを構築・運営し，閲覧者の詳細を明らかにするとともに，閲覧内容から受ける影響を検討した。閲覧から受ける影響については，閲覧者の自殺念慮を評価することとした。これは，自殺念慮と既遂自殺の間には連続性が指摘されており（張，2006），将来の自殺を予測する最も重要な要素の1つだと考えたためである。なお，作成したサイトの各ページのタイトルや本文内には第5章・第6章［研究1・2］で明らかとなった自殺関連語を用いるよう心がけ，こうした検索語の利用者がアクセスしやすくなるよう工夫した。

　そして，閲覧の効果を分析する際の視点として閲覧コンテンツの種類という視点を念頭に置くこととした。ウェブ上には自殺の詳細な方法の提示といった自殺誘発的な情報と同時に自殺予防を目的とした情報が多数存在するが，自殺予防を目的として提供されている情報には，対面での援助資源に関するものから自殺者の心境を解説したものまで多様なものが存在する。どのような種類の情報が自殺予防効果を持ちうるかという点は，今後の情報提供を通じた自殺予防を展開していく上で，重要な検討事項だと考えられたからである。

7-2　方　法

サイトの構築

　Hatena（http://www.hatena.ne.jp/）の運営するレンタルブログサービ

スを利用し，サイト（http://d.hatena.ne.jp/sutare/）を構築した。サイトの内容は大きく分けて，「自殺について」と「自殺サイトについて」の2つに分類した（表7-1）。前者は自殺念慮が高まっている者の閲覧を念頭に置き，自殺が起こるまでの経緯を生物・心理・社会的観点から説明を行うことで，自らの状態を客観的に捉えることを援助する目的で作成した。いずれのページにおいても丁寧語を用い，自殺に関する価値判断などの主観を反映させず，各テーマに即した研究知見を中心に客観的な情報を伝えることを基本としたが，閲覧者が抱えていると思われる辛さへの共感や精神科への受診を中心とした援助要請の重要性を適宜文章中に差し挟んだ。また，後者は，閲覧者が興味を抱く自殺とインターネットに関するページであるが，自殺予防の観点から内容が自殺念慮に影響しないよう留意して掲載した。これらのページの作成には，検索エンジン最適化のためサイト全体の情報量を増やす，サイト内における自殺関連用語の割合を調節するという目的も含まれていた。

　サイトのデザインや文章作成は著者1人で行った。トップページに目次を記しサイトの全体像を把握できるようにする，読みやすさを考慮し文字を大きめに設定する，段落間の行間を2行以上とる，1ページの上限を2000字程度として長くなりすぎないようにするなどの工夫を行った。また，情報の信頼性を上げるため，各記事の最後で情報源を明示するとともに，著者の本名や所属も明記した。

サイト作成上の倫理的配慮
　トップページ冒頭に初めてサイトを訪れた閲覧者のためのページを作成し，本サイトの開設意図，利用上の注意点，サイトを閲覧することの危険性，本サイトに残されたアクセスログが個人が特定されることのない形で研究に用いられることについて説明を行った。特に，利用上の注意としては，本サイトが自殺を主な題材として扱ったものであり何らかの気分の変容が生じる可能性があること，本サイトを通じたカウンセリング類似の行為は行っていないこと，相談機関等の紹介は行っていないことを強調した。
　作成された文章については，「自殺予防：メディア関係者のための手引き」（WHO, 2006a）における「してはいけないこと」の6カ条に抵触する表現が

表7-1 自殺予防情報提供サイトの全体像

	コンテンツのテーマ	ページ数	文字数	具体的内容
自殺について	人はなぜ自殺をするのか	6	11343	自殺が起こるまでの人の心理的過程や，自殺が起こる原因・メカニズムについて，様々な研究者の出す仮説を概観し，生物・心理・社会的な観点から説明するモデルを導出した。
	自殺とは何か	5	9942	自殺に関する誤った常識を是正し，自殺が死を目的とした行為ではなく，よりよい生を求めた結果生じるものだということ，自殺は確固とした意図の元に行われることではないということを確認した。
	自殺者の特徴	5	8162	自殺の危険因子と自殺直前に見られる状態について解説した。
	自殺と精神障害	4	5367	自殺の背後には精神障害が隠れていることを説明。具体的には，うつ病，統合失調症，物質関連障害，パーソナリティ障害を取り上げた。
	自殺したいと言われたら	6	11269	自殺したいと言われた場合にどのような対応をすべきか（希死念慮がある程度下がるまで共感的に話を聞き，その後に専門家へとつなぐ），あるいはすべきでないかという点について解説をした。
自殺サイトについて	インターネットと自殺予防	4	6736	インターネット上での適切な自殺予防のあり方について綴ったページ。
	自殺サイトに関する研究	11	17330	自殺サイトに関する先行研究，筆者の行った国内自殺サイトの調査結果をもとに，自殺系掲示板上での効果的な書き込みの在り方について解説した。
	自殺サイトと臨床心理学	3	6135	臨床心理学と自殺サイトでの事象の共通点について解説した。
	自殺サイト管理人インタビュー	13	31986	自殺サイトの管理者に対して筆者が行ったインタビュー。自殺サイトの運営動機や運営上の問題点について管理者の立場からの意見が示されている。

ないか，研究協力者の大学生（心理学専攻）2名が確認をした．また，同手引き内で推奨されている予防活動である，支援組織に関する情報提供を行った．情報提供は連絡窓口に対するリンクの形式でなされ，どのページを閲覧している場合にも利用可能な状態にした．また，著者のメールアドレスを公開することで，閲覧者からの直接の連絡にも対応できるようにし，自殺予告など有事の際には各都道府県警察のサイバー犯罪相談窓口を利用することとした．

調査方法
サイトの運営は2008年6月から開始し，2008年7月末には表7-1のコンテンツを含むサイトとなった．各ページを読み終えると二重回答の防止などの機能を備えた質問紙用サイトへのリンクが表示され，リンク先において下記の項目に関する調査を行った．調査期間は2008年8月から2009年7月の1年間であり，最終的に108名（男性40名，女性68名，総閲覧数10万4029回）の回答を収集した．

調査項目
フェイスシートにおいて，年齢・性別・閲覧前行動・閲覧記事数・閲覧記事の種類が調査された．閲覧前行動については，「本サイトにアクセスする前にしていたことを教えて下さい」という質問に対し，①効果的な自殺方法を探していた，②ネット心中の相手を探していた，③掲示板やチャットなどの自殺サイトを探していた，④その他，の中から閲覧者自身が行っていた行動を選択する形式であった（複数選択可）．閲覧記事数については，「お読みになった記事の数はいくつですか？」という質問に対し，①1ページ，②2〜3ページ，③4〜5ページ，④6ページ以上の中から1つを選択する形式であった．閲覧記事の種類については，「お読みになった記事をお選び下さい」という質問に対し，表7-1に記したコンテンツ名を挙げ，その中から読んだ記事を選択するようになっていた．

また，サイト閲覧の効果の測定のため，サイト閲覧前と回答時点での死にたい気持ちの強さを評価してもらった（本サイトを利用する前／現在の自殺

願望の強さを教えて下さい）。利用前については回顧法による評定であった。回答は「まったくない（0点）」から「とても強い（5点）」の6件法とし、閲覧後の評価から閲覧前の評価を引いた得点を自殺念慮の変化得点とした。それに加え，自殺に関する理解を問う3項目（Q1：自殺願望が生じるメカニズムについての理解が深まった，Q2：自殺する人のおかれている状況についての理解が深まった，Q3：自殺する人の考え方の特徴についての理解が深まった），ハイリスク者への対応の理解を問う1項目（Q4：自殺願望の高まっている人への対応方法がわかった）の4項目について，「当てはまらない（1点）」から「当てはまる（5点）」の5件法で尋ねた。

アクセス解析

アクセス解析には「はてなカウンター（有料版）」を用いた。なお，以下の統計解析には，SPSS 11.0J を用いた。

7–3　結　果

運営状況

調査期間における総閲覧数は 10 万 4029 回であった。サイトの閲覧時刻について1時間ごとに集計した結果が図 7–1 である。これを参照すると，閲覧時刻については，2〜11 時が少なく，15 時頃から増加を始め，21〜0 時にピークに達することがうかがえる。また，閲覧ページ数については，1ページが 16.7％，2〜3 ページが 35.2％，4〜5 ページが 16.7％，6 ページ以上が 31.5％ であった（$\chi^2(3)=12.30, p<.01$）。

閲覧者 108 名のアクセス方法は，検索エンジンが 76.9％，他サイトからのリンクが 11.1％，その他が 12.0％ であった（$\chi^2(2)=88.22, p<.001$）。また，アクセス解析の結果，検索エンジンからあったアクセスのうち（1 万 3199 回），利用された検索語の上位は，自殺サイト（19.9％），自殺（7.9％），自殺掲示板（3.5％），自殺心理（2.9％），自殺したい（2.9％），自殺者の心理（2.7％），自殺の仕方（2.3％）であった。

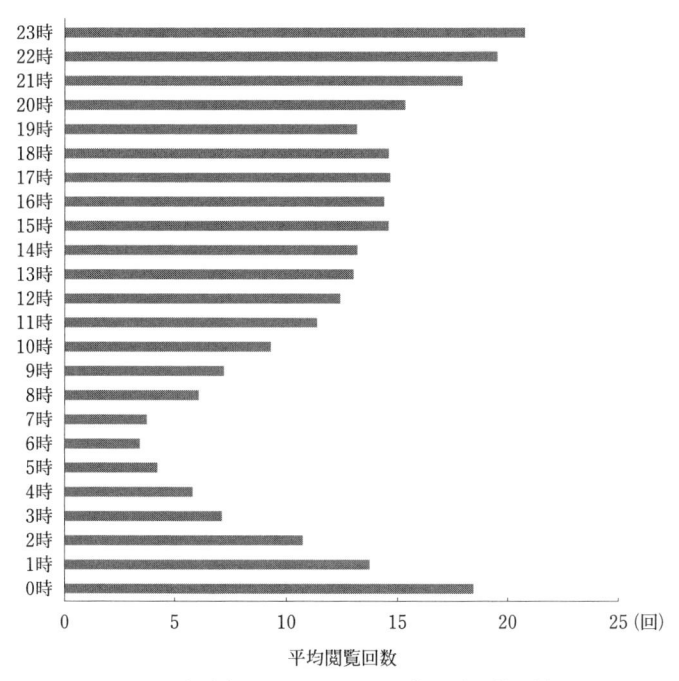

図 7-1　各時刻における 1 日の平均閲覧回数の推移

閲覧者の詳細

　未成年が全体の 25.0％，20 代が 21.3％，30 代が 33.4％，40 代が 14.8％，それ以上は 5.6％ であった（$\chi^2(4)=23.76, p<.001$）。

　直前に行っていた行動としては（複数選択可），①効果的な自殺方法を探していた者が 52 名（48.1％）（$\chi^2(1)=.15, n.s.$），②ネット心中の相手を探していた者が 9 名（8.3％）（$\chi^2(1)=75.00, p<.001$），③掲示板やチャットなどの自殺サイトを探していた者が 33 名（30.6％）（$\chi^2(1)=16.33, p<.001$），④その他が 44 名（40.7％）であった（$\chi^2(1)=3.70, p<.10$）。①あるいは②を閲覧前のハイリスク行動と定義すると，ハイリスク行動をとっていた人数は 56 名（51.9％）であった（$\chi^2(1)=.15, n.s.$）。

閲覧の効果

　閲覧による自殺念慮の変化を検討するため，閲覧前後における自殺念慮の

強さに関して t 検定（対応あり）を行った。分析の結果，閲覧前（$Mean=3.90$）と回答時（$Mean=3.57$）とでは有意に自殺念慮は減少していた（$t(107)=4.11, p<.01$）。なお，閲覧によって自殺念慮が強くなったと回答した者は1人もいなかった。

コンテンツ内容の影響

　閲覧による自殺念慮の減少という結果に関するコンテンツの影響を検証するため，各コンテンツの閲覧がコンテンツ内容への理解を介して自殺念慮の変化に影響を及ぼすというサイトの効果に関する予測を立て，パス解析による検討を行った。パス解析は，第1水準を閲覧したコンテンツ，第2水準を自殺全体に関する理解の指標である自殺理解感および自殺に傾いた者への対応方法に関する理解の指標である対応方法理解感，第3水準を閲覧による自殺念慮の減少度，とする流れを想定し，各水準より上位にある変数を説明変数とする重回帰分析（強制投入法）を繰り返し行う方法を用いた。各変数の設定方法は以下の通りである。

　まず，第1水準のコンテンツについては，閲覧行動を元にコンテンツの内容を分類した。具体的には，9つのコンテンツそれぞれについて閲覧の有無という2値変数を用いてクラスタ分析（平方ユークリッド距離，ward法）を行った。その結果，解釈可能な2つのクラスタが抽出された。クラスタ1は，人はなぜ自殺をするのか，自殺とは何か，自殺者の特徴，自殺と精神障害を含んでいた。そこで，これらのコンテンツを「自殺について」と名付けた。また，クラスタ2には，上記以外のコンテンツが含まれていた。そこでクラスタ2に含まれたコンテンツを「予防方法について」と名付けた。パス解析に際しては，それぞれ閲覧条件を1，非閲覧条件を0と設定し分析に用いた。

　次に，第2水準の閲覧内容の理解についてである。「自殺について」に含まれるコンテンツの理解を問う項目としては，自殺に関する理解を問う3項目を調査した（Q1: $M=3.54, SD=.92$; Q2: $M=3.78, SD=.88$; Q3: $M=3.89, SD=.84$）。因子分析を行った結果，固有値の減衰状況（第1：2.22，第2：0.56，第3：0.21）から1因子が妥当だと判断されたため（$\alpha=.82$），各項目

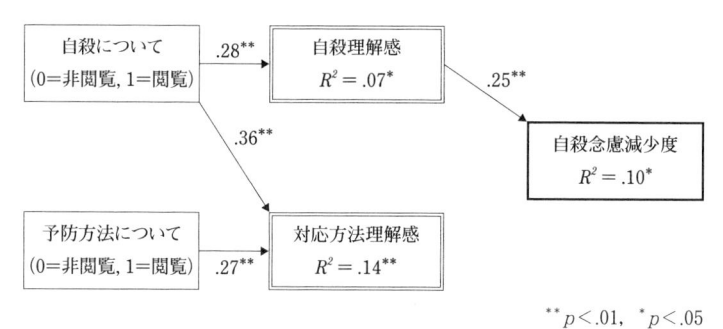

図7-2 サイトの効果に関するパス解析の結果

[図中のテキスト]
自殺について (0=非閲覧, 1=閲覧) — .28** → 自殺理解感 $R^2 = .07^*$
自殺理解感 — .25** → 自殺念慮減少度 $R^2 = .10^*$
自殺について — .36** → 対応方法理解感
予防方法について (0=非閲覧, 1=閲覧) — .27** → 対応方法理解感 $R^2 = .14^{**}$

$^{**}p<.01,\ ^*p<.05$
誤差，共分散，有意でなかったパスは省略されている

の合計を項目数で除したものを自殺理解感得点とした。また，「予防方法について」に含まれるコンテンツの理解を問う項目としては，ハイリスク者への対応の理解を問う1項目が用いられ（Q4: $M=3.54$, $SD=.86$），この結果を対応方法理解感得点とした。

以上のような変数を用いて，第1段階として，第1水準の変数から第2水準の変数への重回帰分析を行い，第2段階として，第1，第2水準の変数から第3水準の変数への重回帰分析を行った。分析結果を図7-2に示した。この図に見られるように，「自殺について」の閲覧は自殺に関する理解感を増加させることで自殺念慮を低減させていた。また，「自殺について」の閲覧は対応方法の理解感の増加にもつながっていた。一方，「予防方法について」の閲覧は，対応方法の理解感の増加につながっていたものの，自殺念慮の減少には寄与していなかった。

7-4 考　察

本研究では，自殺予防情報提供サイトを構築・運営し，サイト閲覧者の詳細とその行動を明らかにするとともに，閲覧によって生じる効果を検討した。その結果，利用者の詳細についてはネット心中相手や効果的な自殺方法を探す最中に立ち寄り閲覧をする者も少なからずいることが示唆され，サイト閲覧により自殺念慮が悪化することはないことが示唆された。さらに，サイトのコンテンツとの関係を検討したところ，自殺に関する客観的な情報を得る

ことが自殺に関する理解感を増加させることを通じて自殺念慮を低減させる可能性があることが示唆された。以下では，これらの結果に関する考察を行う。

サイト閲覧の可能性

調査にあたり作成したサイトへのアクセスは検索エンジンからのものが最も多く，また，検索に用いられた単語には，「自殺したい（2.9％）」や「自殺の仕方（2.3％）」といった自殺念慮の高まった様子がうかがえるものから，「自殺サイト（19.9％）」や「自殺掲示板（7.9％）」といったコミュニケーション志向のもの，「自殺（7.9％）」や「自殺心理（2.9％）」といった目的が確定できにくいものが見られた。作成されたサイトはメタタグ[注1]を利用し，ロボット型検索エンジンの検索結果に自殺に関する予防的な情報提供を行うことが主たる目的であることが表示されるように工夫をしたが，このような事前の言明を行った場合にも，ネット心中相手や効果的な自殺方法を探している者，あるいは同じように自殺念慮に苦しむ者とのつながりを求める者に働きかけることは可能であると考えられた。こうした傾向は，閲覧前にハイリスク行動を行っていた者が質問紙回答者の半数以上となったことからも同様にうかがうことが可能である。さらに，サイトの閲覧は，21時から0時に最も高い頻度でなされている。このことから，自殺予防情報提供サイトは，自殺念慮の高まった者が精神科医や臨床心理士などの専門家を利用できない時間における援助資源として機能する可能性が考えられる。

また，本研究の結果はインターネットを利用した自殺予防の新たな可能性を示したとも言える。Eメールや電子掲示板の利用といった個人間の双方向的なやり取りの実現が自殺予防に有効に機能する可能性はこれまでにいくつかの研究により示されているが（Eichenberg, 2008; Lester, 2008–2009），サイトの閲覧という一方向的なやり取りによっても自殺念慮に働きかけることが可能であるということを本研究の結果は示唆している。

ただし，自殺念慮得点は統計的に有意な減少を見せたものの，閲覧後も依

[注1] 記述された内容に関するメタ情報について，ブラウザや検索ロボットに認識させるためのHTMLタグ。

然として高い値を示しており，この減少度合いが臨床上の意味を持つかどうかはさらなる検討を要する。閲覧後の高い自殺念慮の背景には，7割近い閲覧者の閲覧ページ数が5ページ以下であることがその一因であると思われるが，このような傾向の背景には，心理的視野狭窄（高橋，2007）といった自殺念慮の高まった者の特性に加えて，インターネットというツールの特性も影響していると考えられる。自殺念慮を抱いた利用者が援助要請を行う場合に影響を与えるインターネットの特性の1つとしては，状況のコントロール可能性の増加が挙げられるが，こうした特性により数ページを閲覧した後に自らの意図にそぐわないサイトであった場合には，閲覧を中止してしまうと考えられる。昨今ではウェブサイトを利用したうつ病などへの治療的介入は盛んに行われているが，本章の結果と同様，こうした試みにおいても閲覧ページの少ない者の割合は非常に高い（Christensen, Griffiths, & Korten, 2002）。今後は，自殺念慮の高まりを抑えるためにも，閲覧ページ数や閲覧時間数を増やすためのコンテンツの開発が必要であると考えられる。

コンテンツの影響

ウェブ上においては様々な動機を持った者が自殺関連サイトを閲覧していると考えられたが，閲覧行動を元にコンテンツが「自殺について」と「予防方法について」に分類できたことから，作成されたサイトの閲覧者は，自殺に傾いている群とそのような者への対応にあたっている群の2群に分けられると考えられる。メタタグによるロボット型検索エンジンでの言明内容を考慮すれば，自殺予防に関心のある者が本サイトを閲覧することは自然なことと思われるが，ネット心中相手や効果的な自殺方法を探しているハイリスク者が検索を通じて多数閲覧をしていることが明らかになった点は特筆に値する。従来から，自殺を試みる者の心理的な特徴は生と死の間を激しく揺れ動く気持ちであると指摘されてきたが（Shneidman, 1993），本サイトの閲覧者の中にも，効果的な自殺方法やネット心中相手を探すという死へ向かう気持ちと，予防的な情報提供を目的としたサイトを閲覧するという生へ向かう気持ちの中で揺れていたものが少なからずいると思われる。

これらの点を考慮すると，インターネットを用いた自殺予防においては，

自殺へ傾いている人に現実場面で対応している人々に適切な情報提供を行うのみならず，生と死の葛藤の中にある閲覧者に直接的に働きかけることも可能であると考えられる。それでは，本サイトのコンテンツは，上述の2つの予防方法にどのように役立っていたであろうか。

　まず，「自殺について」であるが，自殺についての客観的な情報を提供し閲覧者がその内容を理解したと思えることが，死へ傾いた気持ちを低減させる可能性が示された。これは上述の区分における自殺に傾いた者への直接的な介入を目指した情報提供への重要な示唆となると考えられる。しかし，閲覧行動とその影響の媒介として想定した閲覧内容への理解のR^2値は低く，媒介効果は弱いものであった。そのため，情報提供がもたらす自殺念慮の減少という効果を説明するための，より詳細なメカニズムの検討が今後は必要となると考えられる。高橋（2007）によれば，自殺に追い込まれる人に共通する心理状態には，極度の孤立感，無価値感，怒り，窮状が永遠に続くという確信などの特徴がある。ウェブサイトの閲覧には，こうした取り組みを行っている者がいるということを知ることによって誰も助けてくれるはずはないという深い孤立感が軽減される，自殺念慮が生じるメカニズムを理解することにより回復への希望を見出すことができる，といった心理的変化をもたらすことで上述の自殺者特有の心理の克服に寄与した可能性などが考えられるが，こうした点は今後の検討が必要である。

　また，自殺に関する客観的な情報提供を行うことは，自殺に傾いた者への対応方法に関する理解感を増加させることも示唆された。これは，自殺に関する客観的な情報を得た者がそこから独自に対応方法を考えた効果だと思われるが，ハイリスク者への対応にあたる者に対しては，単に望ましい対応方法を伝達するのみならず，その背景としての自殺ハイリスク者の特徴も同時に伝えることが有効であると考えられる。

　次に，「予防方法について」であるが，こちらについては対応方法の理解感を増加させる効果を有していた。こうした感覚は自殺念慮の減少には寄与していなかったものの，予防方法に関するページの閲覧が自殺念慮の悪化につながらないことも同時に示唆された。一般に自殺の危険の高まっている人に対する初期対応としては，自殺を1つの選択肢として受容し，その後に自

殺が正しい判断ではないことを確認することが推奨されるが（WHO, 2006b），これは関係の初期において自殺を批判することがその場での自殺念慮に負の影響をもたらすからである。自殺へ傾いている人に対応している人への情報提供をウェブ上で行った場合には，こうしたページを自殺念慮の高まった者が閲覧する可能性が存在する。記述の方法にかかわらず予防方法について記したページには自殺に関する客観的な情報を記したページよりも「自殺は予防されるべきものである」というメタメッセージが強く込められることになるため，自殺に傾いた人の自殺念慮を悪化させる可能性も考えられたが，本章の結果ではそのような傾向は認められなかった。その原因としては，具体的な対応方法に関する記載を行う場合にもデータをもとに客観的な立場を崩さないよう心がけたことがメッセージ性を弱めた可能性などが考えられる。

課題と今後の展望

最後に，問題点を4点指摘する。

1点目は，サンプリングの問題である。この調査は特定のサイトの閲覧者を対象として行われたものである。また，回答数は10万という閲覧数に比しごくわずかなものであり，回収率は低い。ここには，本サイトが全ページテキストで作成されており絵や図表が利用されていないこと，アンケートの掲載場所が分かりづらく回答への動機付けを高める工夫に乏しいことなど本サイトのユーザビリティの低さが影響していると考えられる。また，回答者は自殺念慮のそれほど強くないエネルギーの高い者である可能性がある。

2点目は，研究デザインの問題である。対象者は閲覧群のみであり，対照群が存在していない。サイト閲覧の影響については，ランダム化比較試験を用いたより厳密な検討が求められる。

3点目は自殺念慮の測定方法の問題である。自殺念慮の強さは，1項目によって測定されている。また，利用前の自殺念慮の強さについては回顧法を用いている。今後は，信頼性・妥当性の確認された尺度を用い，閲覧前に測定を行う工夫が必要となる。

4点目は，自殺に傾いている人への直接的な予防効果の指標の種類の問題点である。閲覧効果を評価する変数として今回は自殺念慮を取り上げたが，

自殺関連行動を引き起こす他の変数を用いた検討を行う必要がある。以上のような点を改善し，より包括的で厳密な調査を行うことにより，インターネットを利用した有効な自殺予防のヒントを得ることが可能になると考えられる。

第 3 部
オンライン相互援助グループの影響

第8章
自殺系掲示板の利用動機の類型とその影響 [研究4]

8-1 問題・目的——掲示板利用の影響は？

　第2部では，自殺予防を目的としたオンライン相互援助グループの基盤となるべきホームページについて，どのようなテーマおよび語で構成すれば良いかという点を検索エンジンの研究から明らかにした。さらに，その上で実際にウェブサイトを作成／運営し，その閲覧の影響を検討した。第2部の結果，実際に自殺の危険性の高い利用者を集めるウェブサイトについて，自殺方法に関する情報等を掲載することなく作成可能であることが明らかになった。つまり，オンライン相互援助グループの土台を形成することが可能であることが示された。

　第3部では，こうしたホームページと電子掲示板を組み合わせて運営を行っている自殺予防を目的としたオンライン相互援助グループの協力を得て，現在運営されているオンライン相互援助グループ上でのコミュニケーションの影響を検討する。

　第1部でも指摘したように既存の自殺関連サイトに関する研究では，効果的な自殺方法が広まり自殺の既遂率が高まる（Becker, Mayer, Nagenborg, et al., 2004; Prior, 2004; Thompson, 2001）という指摘や，気分が安定しなくなり自殺に対する態度が変わる（Thompson, 1999）といった自殺誘発効果や，自殺の伝播・模倣が起こる（Schmidtke, Schaller, & Kruse, 2003）という群発自殺の指摘，仲間意識や集団の同調圧力が自殺の閾値を下げる（Lee, Cha, & Yip, 2005; Rajagopal, 2004）という集団自殺に関する指摘が存在する。

　このような負の側面に関する指摘が存在する一方で，利用者間の双方向コミュニケーションに自殺予防効果を認める研究は少なくない。自殺関連サイト利用者の双方向コミュニケーションに関する研究としては，コミュニケー

ションの内容に関する研究と，コミュニケーションによって受ける影響が利用者のタイプによって異なる点に注目した研究が存在する。

コミュニケーション内容に着目した研究としては，自殺系掲示板に投稿された書き込みの内容を分析した研究（松枝，2009；Miller & Gergen, 1998; Winkel, 2005）が挙げられる。これらの研究は総じて，多くの書き込みがポジティブで共感的・支持的なものであり，掲示板が自己開示や相談の場となっていて，形成されたコミュニティがインターネット自助グループと似ているという結論を示している。

次に，やり取りによって受ける影響が利用者のタイプによって異なる点に注目した研究としては，164名にオンラインでの質問紙調査を行った研究が挙げられる（Eichenberg, 2008）。この研究では，利用者の動機を，援助要請（help-seeking）を中心とした建設的動機とネット心中相手や自殺方法の探索といった破壊的動機の2つに分類し，これらの得点を利用したクラスタ分析により，利用者を，両方の動機が高い群，建設的動機のみ高い群，どちらも低い群の3群に分けている。その上でサイト参加前と調査時の自殺念慮の強さを評価してもらったところ，建設的動機のみが高い1群の自殺念慮の減少が一番大きいものの，どの群においても減少していることから，掲示板は建設的で自殺予防的な機能を持っていると結論付けられている。

これらの研究からは，掲示板には自殺誘発的な内容が混在しながらも，利用者間の助け合いなどによって自殺念慮を減少させている可能性が示唆される。ただし，先行研究（Eichenberg, 2008）の分類による建設的な動機は主に援助要請に関する項目であり，援助に関する項目は1項目のみである。ウェブ上での相談・被相談活動においては，援助者が他者を助けることによって有用感を中心とするヘルパーセラピー効果を得ることが知られているが（White & Madara, 2000），既存の分類では，相談・被相談活動において，援助要請によって受ける効果と援助をすることによって受ける効果の違いを弁別して検討することができないという限界がある。

そこで本章では，先行研究（Eichenberg, 2008）の問題点である援助動機に関する項目を中心に動機に関する尺度を拡張した上で，自殺系掲示板の利用者のタイプを特定し，各タイプの利用者が受ける心理的な影響を検討した。

なお，利用者が受ける影響については，自殺に傾いた気持ちの強さである自殺念慮を取り上げる。これは，自殺念慮と既遂自殺の間には連続性が指摘されており（張，2006），将来の自殺を予測する最も重要な要素の1つだと考えられるからである。

8-2 方　法

調査対象者

2008年8〜9月に，国内最大手の自殺関連サイトの掲示板の協力を得て自殺関連サイト利用者へのオンライン質問紙調査を実施した。この質問紙には，Cookieによる二重回答の防止やプレビュー機能による誤操作防止などの工夫を加えた。調査に回答した140名のうち，欠損値のある者と利用しているサイトが先述の自殺系掲示板の定義に当てはまらない者を除外した137名を分析対象とした。

質問紙の構成

　利用動機尺度　　自殺系掲示板の利用動機に関する項目を作成した。作成した項目は，先行研究（Eichenberg, 2008）において使用された11項目（項目群A）に，以下のような予備的な調査を参考に作成された9項目（項目群B）が追加され，計20項目とした。回答は"当てはまらない"から"当てはまる"の5件法による評定である。

　項目群Aは，英語版の11項目を著者が翻訳し，他の臨床心理学専攻の大学院生のチェックを受けたのち，もう1名の心理学専攻の大学院生によってバックトランスレーションを行い，意味の曖昧さを回避するよう努めた。

　項目群Bは，以下の予備的な調査を参考に作成された。2007年12月と2008年5月の2回にわたりロボット型サーチエンジン「Google日本」を用いて掲示板の検索を行った。1回目の調査では「自殺」を検索語に設定した検索結果（約1180万件）の上位100件，「死にたい」の結果（約847万件）の上位50件，「自殺サイト」の結果（約334万件）の上位50件を調査した。また，2回目の調査でも同様の検索語と検索件数の調査を行うとともに（各

検索語の検索結果数は，順に約1220万件，約853万件，約337万件），それに加えて「自殺掲示板」という言葉を用いた検索結果（約238万件）の上位100件を閲覧した。なお，これらの検索語はウェブ上の自殺関連情報を調査した先行研究（小山・箱田・畑ら，2005；佐名手・竹島，2003）を参考に設定された。閲覧した500件の中に19の掲示板を確認した。名称・利用規約・トップページにおける管理者の文章内に，利用者に自殺を思いとどまらせること，あるいは辛い気持ちの吐き出しや利用者間での相互傾聴などを設立の動機として明記しているものを自殺予防目的の運営であるとして分類を行ったところ，該当する掲示板は17あった。予防以外の目的で運営される2件の掲示板は幇助あるいはネット心中の相手募集に関するものであったが，これらの内容は項目群Aに含まれていたため，調査から除外した。予防を目的とした17件のうち，管理者が書き込みの著作権を主張していない14件の掲示板を分析対象として選定し，各掲示板のアクセス時上位20スレッドを分析対象とし280スレッドの内容を保存した。これらをスレッドを分析単位とし，KJ法を参考に著者と協力者の大学生（心理学専攻）の計3名で分類した（表8-1）。この結果を参考に，項目群Aとの重複を考慮しながら，援助に関する動機を中心に項目を追加した。なお，項目群AとBの詳細については後述の表9-2を参照されたい。アスタリスクのついている項目が項目群A，それ以外が項目群Bに該当する。

自殺系掲示板書き込み内容評価尺度　98ページ以下に詳述する。

自殺念慮関連項目　自殺念慮の生じた時期，自殺企図歴，掲示板利用前後の自殺念慮の強さについて質問を行った。利用前については回顧法による評定であった。質問は，「利用している自殺サイトに訪れる直前の自殺願望の強さについて教えてください」と「現在の自殺願望の強さについて教えてください」という形で行われた。回答は「まったくない（0点）」から「とても強い（6点）」の7件法による評定法とした。

デモグラフィック項目と掲示板関連　年齢，性別，学歴，結婚歴，利用状況（来訪時期・利用頻度），について質問を行った。

なお，以下の統計解析には，SPSS 11.0Jを用いた。

表 8-1 自殺系掲示板のスレッドの分類

カテゴリ	定義	n	%
自殺願望の表明と予防的やり取り	自殺願望や自傷行為・苦しい気持ちを開示した人に対して，主に自殺を予防するための書き込みが行われている	98	28.9
自殺予防的メッセージ	掲示板に訪れる不特定多数の人に対して，自殺を思いとどまるよう呼びかける書き込みが行われ，それに応じる書き込みが行われている	31	9.2
自殺に関する情報提供要請	自殺の方法や場所に関する情報提供が要請され，それに応じる書き込みが行われている。ただし，提供の仕方には促進的なものと予防的なものがある	26	7.7
広告・勧誘	薬の販売，宗教的勧誘，復讐の請負，売買春，仕事の紹介などの広告，勧誘が書き込まれている	24	7.1
自殺願望の伴わない相談	自殺願望は表明されていないが，身の上についての様々な相談とそれに応える書き込みが行われている	21	6.2
自殺予防の是非	自殺を止めることの是非についての議論が行われている	16	4.7
自殺の是非	自殺をすることの是非についての議論が行われている	10	3.0
生の意味	人生の意味やどのように生きるかということに関する議論が行われている	9	2.7
苦境の共有	死にたい理由や自分達の持つ苦しさについて開示をし合う書き込みが行われている	9	2.7
吐き出し専用	自殺願望を表明した人に対する自殺予防的書き込みが行われず，次々と他の人も自殺願望を開示していく書き込みが行われている	9	2.7
スレ主セラピスト	スレッドの主が掲示板の住人の悩みを次々に聞いていき，自殺予防的な働きかけを行う	7	2.1
自殺相手の募集	自殺相手の募集とそれに応じる書き込みが行われている	7	2.1
その他	上述のカテゴリーには分類しきれないスレッド	72	21.2
		339	100

明らかに同一スレッド内で話題の転換が起こっている場合には適切な部位で著者があらかじめ分割し，別のスレッドとしてカウントしたため，合計は 280 になっていない。

8–3 結　果

分析対象者の詳細

デモグラフィック項目　分析対象者は，男性59名（43.1％），女性78名（56.9％）であり（$\chi^2(1)=2.64$, n.s.），20歳以下が全体の35％，30歳以下が76.6％，40歳以下が94.9％を占めた。平均年齢は25.2歳（$SD=8.1$）であった。また，23歳以上の者（$n=77$）の最終学歴は，中学が15.5％，高校が28.2％，専門学校が14.1％，大学と大学院は42.6％であり，高校と大学・大学院が多かった（$\chi^2(4)=25.01$, $p<.001$）。結婚歴については，独身が78.1％，結婚・同居中が9.5％，離婚・別居中が4.4％，死別2.2％，その他が5.8％であり，独身者が多かった（$\chi^2(4)=299.99$, $p<.001$）。

自殺念慮関連項目　自殺念慮が生じてからの年数は，1年以下の者は19％，1～3年が22.6％，3～5年が18.2％，5年以上が32.8％，自殺念慮が生じていないと答えた者は7.3％であり，5年以上前に生じたと答えた者が多かった（$\chi^2(4)=23.11$, $p<.001$）。また，自殺企図歴のある者は全体の62.8％であった（$\chi^2(1)=8.94$, $p<.01$）。

サイトの利用状況　当該サイトへの来訪時期は，1ヵ月以内が21.9％，1～3ヵ月以内が16.1％，3～6ヵ月以内が15.3％，1年以上前が37.2％であり，1年以上前と答えた者が多かった（$\chi^2(4)=30.70$, $p<.001$）。また，来訪頻度についても，日に1回以上が27％，週に数回が31.4％，週に1回程度が9.5％，月に1回程度が14.6％，それ未満が17.5％であり，週に数回以上の頻度と回答した者が多かった（$\chi^2(4)=22.23$, $p<.001$）。

因子構造の検討

利用動機尺度20項目に対して主因子法による因子分析を行った。固有値の減衰状況（第1：5.23，第2：2.41，第3：1.73，第4：1.08，第5：0.89）や解釈可能性から4因子構造が妥当であると考えられた。そこで，再度4因子を仮定して主因子法・プロマックス回転による因子分析を行った。その結果，どの因子に対しても負荷量が.4未満である3項目と複数の因子に対する負荷量が絶対値で.3以上である1項目を，因子を十分に特徴づけていな

いという理由から除外した。再度主因子法プロマックス回転による因子分析を行い、最終的に4因子16項目を採用した（表8-2）。

第1因子は、自殺と自殺予防の是非について話すため、自殺の危機に瀕する人への対処を知るため、他者を助けるためといった内容への因子負荷が高いことから、「援助」因子と命名した。第2因子は主に自らの自殺念慮を知らせ、相談をするといった内容であることから、「相談・打ち明け」因子と名づけた。第3因子は、自殺念慮の克服や専門家へのアクセス方法を知るためといった内容から、「克服・治療」因子と名づけた。第4因子は、ネット心中相手を探す、効果的な自殺方法を探すといった項目の因子負荷量が高いことから「自殺準備」因子とした。各因子のα係数および寄与率はいずれも高い値であった（$\alpha=.75\sim.83$, 累積寄与率：65.29%）。なお、各因子を構成する項目群の得点の合計を項目数で除したものを当該下位尺度得点とした。

性別と年齢による下位尺度の検討

自殺系掲示板の利用動機の下位尺度得点について、性別と年齢に基づき対象者を2群に分け、t 検定を行った。なお、年齢は未成年群（$n=41$）と成人群（$n=96$）に分けた。

まず、性別においては全ての因子について有意差あるいは有意傾向が確認された。「援助」因子については女性（$M=2.36$）よりも男性（$M=2.73$）が高い値を示していたが（$t=2.01, p<.05$）、「相談・打ち明け」因子については男性（$M=2.45$）よりも女性（$M=2.97$）が（$t=2.44, p<.05$）、「克服・治療」因子についても男性（$M=1.86$）より女性（$M=2.20$）の方が（$t=1.73, p<.10$）、そして「自殺準備」因子についても男性（$M=1.72$）より女性（$M=2.15$）の方が得点が高くなっていることが確認された（$t=2.18, p<.05$）。次に、年齢においては「相談・打ち明け」因子と「自殺準備」因子において、それぞれ有意傾向および有意差が確認された。「相談・打ち明け」因子については、成人（$M=2.62$）よりも未成年（$M=3.04$）が高い値を示していた（$t=1.76, p<.10$）。また、「自殺準備」因子については、成人（$M=1.82$）よりも未成年（$M=2.31$）において得点が高くなっていることが確認された（$t=2.18, p<.05$）。

表 8-2　因子分析の結果

	I	II	III	IV
I：援助（$M=2.52$, $SD=1.07$, $\alpha=.82$）				
自殺を止めることの是非について話をするため	**.78**	−.18	.22	.02
自殺の危険が高まっている人に対する対処法を知るため*[表注]	**.77**	−.08	−.20	.02
他の人を助けるため	**.68**	−.10	.06	−.06
他の人の持つ自殺願望や抱える問題を知るため	**.56**	.25	−.09	−.04
自殺をすることの是非について話をするため	**.55**	.29	−.05	.13
生きることの意味について話をするため	**.43**	.27	.08	−.10
II：相談・打ち明け（$M=2.75$, $SD=1.30$, $\alpha=.83$）				
自殺願望の背景にある自分の問題を他の人に伝えるため*	−.04	**.84**	−.01	−.15
自殺願望があるときに，誰か話せる人を見つけるため*	−.04	**.75**	.02	.15
自分の抱える問題について相談をするため	−.06	**.75**	.10	.01
同様の考えや問題を持っている人と知り合うため*	.06	**.59**	.01	.06
III：克服・治療（$M=2.06$, $SD=1.16$, $\alpha=.80$）				
自殺願望を克服するため*	−.11	.04	**.85**	−.07
同じ気持ちや問題を抱えた人と自殺の危機を克服するため*	−.01	.08	**.73**	.12
専門家の援助の探し方についての情報を得るため*	.09	.01	**.63**	−.02
IV：自殺準備（$M=1.97$, $SD=1.16$, $\alpha=.75$）				
一緒に自殺してくれる人を見つけるため*	−.01	−.11	−.01	**.97**
効果的な自殺方法を知るため*	−.14	.13	−.06	**.65**
死後の世界について話をするため	.13	.01	.08	**.56**

	I	II	III	IV
I	−	.42	.46	.02
II		−	.59	.31
III			−	.02
IV				−

［表注］　アスタリスクは，先行研究（Eichenberg, 2008）で使用された項目。

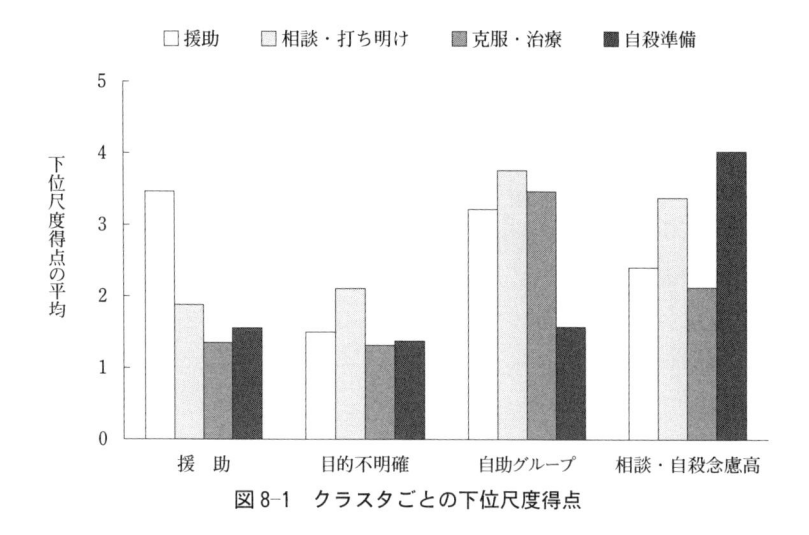

凡例: □援助　□相談・打ち明け　■克服・治療　■自殺準備

図8-1　クラスタごとの下位尺度得点

利用動機と自殺念慮の変化の関係

利用動機が掲示板の利用結果にもたらす影響を検討するため，回答時点での自殺念慮の強さを従属変数に，掲示板利用前の自殺念慮の強さおよび利用動機の各下位尺度得点を独立変数として重回帰分析（ステップワイズ法，投入基準：$p<.05$，除去基準：$p<.10$）を行った。その結果（$R^2=.55$, $p<.001$），利用前の自殺念慮（$\beta=.66, p<.001$），「援助」因子（$\beta=-.21, p<.001$），「自殺準備」因子（$\beta=.18, p<.01$）が有意な影響を示した。

動機による利用者の類型とその特徴

利用動機尺度の各下位尺度得点を標準化した得点を用いて，クラスタ分析（平方ユークリッド距離，ward法）を行った。その結果，解釈可能な4つのクラスタが抽出された（図8-1）。次に各クラスタの特徴を把握するため，得られたクラスタを独立変数，「援助」「相談・打ち明け」「克服・治療」「自殺準備」の各下位尺度得点を従属変数とした分散分析を行った（表8-3）。その結果，全ての下位尺度得点においてクラスタの主効果は有意であった（順に，$F(3,133)=61.85$, $p<.001$；$F(3,133)=27.28$, $p<.001$；$F(3,133)=81.47$, $p<.001$；$F(3,133)=123.38$, $p<.001$）。TukeyのHSD法を用いた多

表 8-3 利用動機類型ごとの利用動機尺度と自殺系掲示板書き込み内容評価尺度の下位尺度の値及び分散分析の結果

下位尺度	クラスタ	n	M	SD	F	多重比較（TukeyのHSD法）					
						1-2	1-3	1-4	2-3	2-4	3-4
援助	1	28	3.45	.61	61.85***	*		*	*	*	*
	2	46	1.49	.47							
	3	37	3.19	.86							
	4	26	2.52	.86							
相談・打ち明け	1	28	1.88	.72	27.28***		*	*	*		
	2	46	2.11	1.18							
	3	37	3.76	.90							
	4	26	2.75	1.20							
克服・治療	1	28	1.35	.58	81.47***		*	*	*	*	*
	2	46	1.32	.47							
	3	37	3.47	.80							
	4	26	2.06	.88							
自殺準備	1	28	1.55	.70	123.4***			*		*	*
	2	46	1.38	.55							
	3	37	1.58	.61							
	4	26	4.01	.57							

***$p<.001$, *$p<.05$

重比較を行ったところ，「援助」についてはクラスタ1, 3, 4, 2の順に得点が高く，1と3以外の全ての組み合わせにおいて5%水準の有意差が見られた。「相談・打ち明け」についてはクラスタ3, 4, 2, 1の順に得点が高く，1と2，3と4以外の全ての組み合わせにおいて5%水準の有意差が見られた。「克服・治療」についてはクラスタ3, 4, 1, 2の順に得点が高く，1と2以外の全ての組み合わせにおいて5%水準の有意差が見られた。「自殺準備」についてはクラスタ4, 3, 1, 2の順に得点が高く，クラスタ4とその他の全てのクラスタとの間にのみ5%水準の有意差が見られた。以上のような結果から，各クラスタについて以下のように命名した。

クラスタ1（28名）は「援助」がクラスタ3と有意差はないものの4群の

中で最も高く，その他の下位尺度得点は低い値を示していたため「援助」群と命名した。クラスタ2（46名）は全て動機が低い値を示していることに特徴を有していた。そこで，「目的不明確」群と名づけた。クラスタ3（37名）はクラスタ1と同程度に「援助」が強いだけでなく，「相談・打ち明け」と「克服・治療」の得点も4群の中で最も高かった。そこで，「自助グループ」群と名づけた。クラスタ4（26名）は「自殺準備」の得点が他のクラスタより有意に高いことにその特徴を有していた。ただし，「相談・打ち明け」がクラスタ1や2より高いことから，「相談・自殺念慮高」群とした。

なお，各クラスタの掲示板利用前の自殺念慮の強さについて一要因の分散分析によって検討したところ，利用類型の主効果は有意であった（$F(3,133)=8.69, p<.001$）。自殺念慮得点は，「相談・自殺念慮高」「自助グループ」「目的不明確」「援助」の順に高く，TukeyのHSD法による多重比較を行ったところ，「援助」群とその他の3群との間でのみ有意差が認められた。

自殺系掲示板の利用の効果

自殺念慮の測定時期（対象者内）×利用類型（対象者間）の2要因の分散分析を行った結果，時期の主効果（$F(1,133)=33.08, p<.001$），交互作用（$F(3,133)=3.94, p<.05$）が有意であった。また，下位検定を行ったところ，全ての利用類型において測定時期の単純主効果は有意あるいは有意傾向を示した（順に，$F(1,27)=4.19, p<.10$; $F(1,45)=5.17, p<.05$; $F(1,36)=26.77, p<.001$; $F(1,25)=3.39, p<.010$）（図8-2）。

8-4 考　察

本研究の意義は4点ある。1点目は，先行研究（Eichenberg, 2008）の尺度をもとに，自殺系掲示板の利用者の活動動機に関する尺度を拡張したことである。2点目は，作成された尺度について性別と年齢に基づく検討を行い，尺度の特徴把握を試みたことである。3点目は，自殺系掲示板に関する利用動機尺度の結果を用いて，利用者を分類したことである。4点目は，各グル

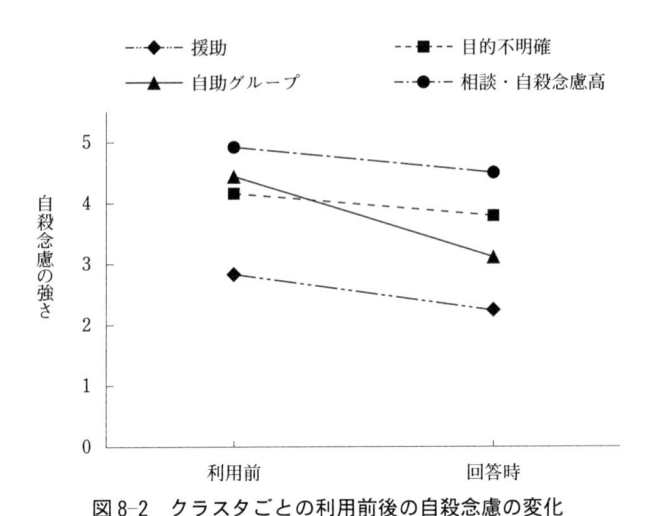

図8-2　クラスタごとの利用前後の自殺念慮の変化

ープが掲示板の利用によって受ける影響を検討したことである。以下に詳しく述べる。

尺度の拡張について

　先行研究（Eichenberg, 2008）では自殺系掲示板の利用動機として援助要請を中心とした建設的動機と自殺準備を中心とした破壊的動機の2つの動機が見出されている。本研究における利用動機尺度の拡張にあたっては，援助要請のみならず援助に関する項目を中心に追加をしたが，その結果として先行研究（Eichenberg, 2008）において確認された建設的動機は，「援助」「相談・打ち明け」「克服・治療」の3つの動機へと分割されたと考えられる。

　また，利用動機を独立変数とした重回帰分析からは，掲示板の利用による自殺念慮の減少に有意な関連を持つ動機が，「援助」動機であることが示唆された。先行研究（Eichenberg, 2008）では，掲示板上で行われる相互相談活動における自殺念慮の減少を建設的動機によるものと結論付けたが，本章の結果からは，建設的動機の中でも援助を受けることではなく援助をすることを通じて得られるヘルパーセラピー効果こそが自殺予防的に働いていると考えられる。

下位尺度のデモグラフィック要因による検討

　利用動機尺度の下位尺度について，性別・年齢の観点から検討したが，これらの検討結果から自殺系掲示板というウェブコミュニティの構造について考察を行う。

　援助要請行動に関する先行研究においては，男性よりも女性の方が心理的問題で援助を受けることに肯定的な態度を示すという研究が多い（Komiya, Good, & Shrrod, 2000）。今回の結果でも，援助要請行動に関連が強いと思われる「相談・打ち明け」や「克服・治療」因子の得点は女性の方が有意に高い値を示しており，これらの研究の結果は一致すると考えられる。その一方で，「相談・打ち明け」因子について，成人（$M=2.62$）よりも未成年（$M=3.04$）が高い値を示したことは，若者は中年と比較して援助要請に消極的である（Leaf, Bruce, Tischler, et al., 1987）といった援助要請行動に関する知見と一致しない。その原因としては，今回の調査フィールドが自殺系掲示板という新たな領域であり，若い年代ほどインターネットとの親和性が強いために自分の問題について相談することに抵抗がないということが考えられる。こうした状況に加え，新たに確認された「援助」動機は女性よりも男性の方が高いという点を合わせて考えると，自殺系掲示板上では自殺念慮の高まった若い女性が相談をし，男性がその悩みに応じるという構造が生じていると考えられる。

利用者の分類

　利用動機得点を利用した利用者の類型では 4 つのグループが見出された。これにより，心中相手や自殺方法を探すという危険な動機を強く持つ利用者も一部にはいるものの，建設的な動機のもとに活動している利用者も一定数はいることが明らかになった。特に，建設的な動機を持つ集団には，当事者同士で助け合いを行う集団のみならず，主に援助のみを行っている 1 群がいることが示唆された。それと同時に，危険な目的で利用をしている 1 群にも相談意欲が存在することも明らかになった。こうした点を踏まえると，今後展開されるインターネット上の自殺予防活動としては，自助グループ活動を行うサイトを増やしていくことが考えられる。ただし，危険な目的で利用を

はじめた人々がこうした活動から予防的効果を得にくいことを考慮すれば，こうした人々の相談意欲に働きかけ，専門家を中心とした現実場面での援助に結び付けていくことも重要だと考えられる。

掲示板利用の影響

国内の自殺系掲示板においてはこれまで自殺念慮に対してどのような影響を与えるかという点が検討されたことはなかったが，ここではその点についても検討をし，自殺系掲示板の利用が自殺念慮を増大させるわけではないという点を見出した。また，掲示板の利用前後においては，他者への援助動機を持つ者の中でも，自殺念慮の高まりに苦しむ当事者間で自助グループ的活動を行う１群がより自殺念慮を減少させていることが示唆された。以下では各群が掲示板の利用から得る効果について考察をした。

まず，「自助グループ」群が最も自殺念慮を減少させていることが明らかになった。この群は，自らの問題について相談をし，自殺念慮を他者に打ち明けるだけでなく，積極的にこれらの状況を克服していこうという動機を持つ群である。さらにこの群は援助を受けるだけでなく援助を与える活動もしていると考えられ，自殺系掲示板の一部では自助グループ活動が生じていることが示されたと考えられる。自殺念慮を大きく減少させていることの背景には，「援助」活動を行っていることに加え，自殺念慮の高まりに苦しむ当事者として相談を行っていることなどに効果があると考えられる。次に，「相談・自殺念慮高」群においても自殺念慮の減少が生じている。この群は，心中相手の募集や効果的な自殺方法に関する情報探索を行う群であり，もっとも自殺の危険性の高い群であると考えられるが，同時に相談意欲も兼ね備えており，その結果が自殺念慮の減少に繋がったと考えることができる。3つ目に「援助」群であるが，利用前段階で他の3群よりも有意に自殺念慮が低かったこの群でも自殺念慮の減少は起こっている。この群は最も健康度の高い群であるが，利用前も一定程度の自殺念慮を有しており，全く問題を抱えていないとは考えられない。自殺を引き起こす心理的苦痛としては，極度の孤立感や無価値感があるが（Shneidman, 1993），この群においては，他者の相談に乗る形でコミュニケーションを行うことで孤独感が軽減されるとと

もに，有用感を得ることで自殺念慮を軽減させていると推察される。最後に，「目的不明確」群においても自殺念慮の減少が起きている。この群は自殺念慮が高まり自殺関連語の検索によりサイトを訪れたが，相談や援助意欲には乏しいと考えられる。この群の利用者は書き込みなどの積極的な相談・被相談活動は行わないものの，掲示板上の書き込みの内容を読み，問題状況や苦しさを抱えているのが自分1人でないことを知ることで消極的に孤独感が癒され，自殺念慮が減少していると推測される。

　本研究の結果は，インターネット空間の全てを反映するわけではなく方法論上の問題点も存在するが，世間一般に広がった自殺系掲示板への危険なイメージとは異なるものであった。こうしたサイトは利用者にとっての援助資源として機能している可能性があり，サイト規制には慎重になる必要性があると考えられる。

今後の課題

　最後に研究の限界と今後の課題を5点挙げる。第1に，サンプリングの問題である。本研究で行われた質問紙は，国内最大手の自殺関連サイトの協力／宣伝といった方法によって行われた。そのため，回答結果は特定の自殺系掲示板からのものが多かった。また，質問紙の回答者はウェブ上で比較的アクティブに行動する人たちであると推察されるが，回答者にこのような偏りが生じている可能性は考慮する必要がある。第2に，自殺念慮の測定の問題である。本研究においては，掲示板の利用前に関する自殺念慮について回顧法による評定を求めている。また，利用前・後のいずれの時点においても，自殺念慮は1項目により測定されている。今後は，信頼性・妥当性の十分に確認された尺度を用い，縦断的な調査を行う必要がある。第3に，本研究には対照群が存在していない。掲示板の利用の影響については，ランダム化比較試験を用いたより慎重な検討が求められる。第4に，利用動機尺度の妥当性に関する検討が不十分である。特に，項目の拡張にあたって行った予備的な調査は予防活動を行っているサイトのコミュニケーション内容を分類したものであることから，本研究で作成された尺度は危険な動機に関する測定に問題を抱えている可能性が存在する。第5に，本研究における各クラスタの

平均値を見る限り自殺念慮は減少していたが，利用の前後で自殺念慮が悪化をしたと回答した者もごく少数ながら存在した。今後は，このような利用者に対するインタビュー調査などによって，自殺系掲示板の問題点を明らかにすることも重要であると考えられる。

第9章
書き込みの自殺予防効果の評価 ［研究5］

9-1 問題・目的——どんなやりとりに意味があるか？

　前章では，自殺系掲示板の利用動機を「援助」「相談・打ち明け」「克服・治療」「自殺準備」の4つに分類した上で，利用者を分類し，各タイプの利用者が掲示板の利用から受ける影響を検討した。その結果として，4つの全てのグループにおいて自殺念慮は減少していることが確認された。この結果は，「自殺関連サイトは危険なものである」という世間一般に流布している言説とは異なるものである。

　既存のインターネットと自殺の関連に言及した研究では，こうしたウェブページの利用や閲覧を禁止／制限することが自殺対策として重要であるという意見が多い（Biddle, Donovan, Hawton, et al., 2008）。しかし，自殺関連サイトの有効利用の可能性が示唆されており，そもそもインターネット上での自殺に関するコミュニケーションを禁止／制限することがほぼ不可能であることを考慮すれば，今後は，自殺関連サイトが自殺を誘発する効果を持つのか，あるいは自殺を予防する効果を持つのかという点を検討するのみならず，どのようなコミュニケーションに予防的な効果があるのかという視点から研究を行うべきだと考えられる。

　そこで本章では，コミュニティ内で行われている援助行動／自殺予防的な書き込み内容の現状把握を行った上で，書き込みの効果を検討するための尺度を作成し，どのような書き込みが役に立つのかという点について，特に自殺念慮の強さとの関係に焦点を当てながら検討を行った。

9-2 方　法

手続きおよび Web 質問紙の構成

前章と同様の調査であることからここでは記述を省く。以下では，前章では扱わなかった自殺系掲示板書き込み内容評価尺度の作成過程について説明する。

予備調査

目　的　自殺系掲示板上での予防的働きかけの内容について把握し，働きかけの効果の評価を測定するための尺度の項目作成の足がかりを得る。

方　法　前章における自殺系掲示板のスレッドの分類のうち，「自殺願望の表明と予防的やり取り」（定義：自殺願望や自傷行為・苦しい気持ちを開示した人に対して，主に自殺を予防するための書き込みが行われている）に分類された 98 のスレッドの中から，相談者の投稿に対するレスを取り出し，KJ 法を参考にして著者と協力者の大学生（心理学専攻）計 3 名で分類を行った。分類は 3 名それぞれが行い，その結果を持ち寄りカテゴリの統合をした。その結果が，表 9-1 である。

自殺系掲示板書き込み内容評価尺度

予備調査の結果生成されたカテゴリを踏まえて 20 項目の尺度が作成された。具体的な項目に関しては表 9-2 を参照されたい。ただし，「質問」は相談者の開示内容を確認する書き込みであり，直接的に自殺念慮に働きかける効果があると考えられなかったので項目を作成しなかった。回答者への質問は，「これらの書き込みは死にたい気持ちをやわらげるのにどれほど役に立ちますか」という形で行われた。回答は「役に立たない（1 点）」から「役に立つ（5 点）」の 5 件法による評定法であった。なお，以下の統計解析には，SPSS 11.0J を用いた。

表9-1 自殺系掲示板における予防的書き込みの分類

カテゴリ・グループ	カテゴリ	定義
①接近・共感	苦境への共感	相談者の抱える辛さへ共感すること
	類似体験の開示	被相談者が相談者に類似した自殺願望・苦境・自傷や自殺未遂の体験を開示すること
	生のすすめ	頑張らず生きているだけで良い，私（被相談者）も類似の状況にあるので一緒に生きていこうという趣旨の書き込み
	援助要請の促進	辛いときには相談をするように促すこと
②自殺の脱価値化	遺される人の悲しみ	相談者が自殺をした場合に遺される人々の悲しみを想像するように促す書き込み
	いつでも，誰でもできる	自殺はいつでも誰でもできるものであるので，とりあえずは生きてみることを推奨する書き込み
	死んでも苦しみは消えない	死後の世界も苦しいため，自殺をしても救われるわけではないという趣旨の書き込み
	自殺願望消失の経験	被相談者がかつて有していた自殺願望が消えた経験談についての書き込み
	生の意味	人生や生きることの意味に関する被相談者の意見
③問題解決の援助	考え方の転換	新たな考え方の提案をするあるいは相談者の考え方に対して疑問を示すこと
	具体的解決策	相談者の抱える問題状況に対し，具体的な解決方法を提案する
	解決策実行の促進	提案した解決方法を実施するように相談者を勇気づけること
④質問		相談者に関する情報を確認すること

9-3 結　果

因子構造の検討

　自殺系掲示板書き込み内容評価尺度20項目に対して主因子法による因子分析を行った。固有値の減衰状況（第1：10.05，第2：1.81，第3：1.03，第4：0.82）や解釈可能性から3因子構造が妥当であると考えられた。そこで，再度3因子を仮定して主因子法・プロマックス回転による因子分析を行った。

表 9-2　自殺系掲示板書き込み内容評価尺度の因子分析の最終的な結果
（主因子法・プロマックス回転）

	I	II	III
Ⅰ：接近・存在肯定			
何かあったら相談して欲しいと言われた（①）	.76	.01	.05
あなたが死んだら私は悲しいというレスをもらった（①）	.76	.06	.07
同じように苦しい体験をしているというレスをもらった（①）	.73	.16	−.15
ただ生きているだけでいいと言われた（①）	.72	−.03	.01
一緒に生きていこうと言われた（①）	.57	.03	.20
Ⅱ：常識・規範的予防			
生きたくても生きられない人もいるのだから自殺をしてはいけないというレスをもらった（②）	.03	.85	−.12
自殺をするのは罪であるというレスをもらった（②）	−.02	.71	.10
自分の考え方を変えるように言われた（②）	−.04	.69	.20
自殺はいつでも誰でもできるものだと言われた（②）	.04	.42	.03
Ⅲ：問題解決			
自分の問題を解決するための具体的なアドバイスをもらった（③）	.16	−.11	.71
自殺願望が消えた体験談についてのレスをもらった（②）	−.09	.08	.70
自分の問題に対する見方を変えるように言われた（③）	.08	.19	.58
削除された項目			
自分が理解されたと感じるようなレスを得た（①）			
自殺したい気持ちにある中でサポートされた（①）			
自らも自傷をしているというレスをもらった（①）			
自分の良い面について指摘してもらった（①）			
人生の意味についてのレスをもらった（②）			
残される人の悲しみを考えるように言われた（②）			
死後の世界は現在よりも苦しいと言われた（②）			
自殺よりはましな選択肢もあると言われた（③）			

因子間相関行列	I	II	III
I	—	.65	.72
II		—	.70
III			—

（　）内は表 9-1 のカテゴリ・グループと対応。

　その結果，どの因子に対しても負荷量が .4 未満である項目と複数の因子に対する負荷量が絶対値で .3 以上である項目の計 8 項目を，因子を十分に特徴づけていないという理由から除外した。再度主因子法プロマックス回転による因子分析を行い，最終的に 3 因子 12 項目を採用した（表 9-2）。

　第 1 因子は，「何かあったら相談して欲しい」や「一緒に生きていこう」

といった利用者間の心理的な接近を促す書き込みや,「あなたが死んだら私は悲しい」「ただ生きているだけでいい」といったその人の存在を肯定するような書き込みが見られたことから,「接近・存在肯定」と名付けた。第2因子は,「生きたいのに生きられない人もいる」,「自殺は罪である」,といった項目を含むことから「常識・規範的予防」因子と命名した。第3因子は,解決方法やその体験談などを含むことから「問題解決」因子とした。各因子のα係数および寄与率はいずれも高い値であった(α=.78〜.86, 累積寄与率:67.20%)。また,各尺度を構成する項目群における得点の合計を項目数で除したものを,当該下位尺度得点とした。

なお,スクリー基準からは1因子構造も考えられた。そこで,1因子モデル(負荷量.50未満の1項目を除外)と3因子モデルの妥当性を確認的因子分析によって比較した。その結果,自殺系掲示板書き込み内容評価尺度は,1因子モデル(χ^2/df=2.73, p<.001; GFI=.716; AGFI=.645; CFI=.838; RMSEA=.113; AIC=490.563)よりも3因子モデル(χ^2/df=1.05, $n.s.$; GFI=.937; AGFI=.904; CFI=.996; RMSEA=.019; AIC=107.542)から理解する方が妥当であると考えられた。

下位尺度間の比較

「接近・存在肯定」「常識・規範的予防」「問題解決」の3つの下位尺度得点について一要因の分散分析(対象者内)を行ったところ,書き込みの種類の主効果が有意であった(F(2,272)=44.80, p<.001)。多重比較(Bonferroni法)の結果,すべての群間に5%水準で有意差が見られた(「接近・存在肯定」>「問題解決」>「常識・規範的予防」)。

自殺サイト利用動機尺度との相関の検討

利用動機尺度の下位尺度得点(項目得点の平均値)と自殺系掲示板書き込み内容評価尺度の下位尺度間の相関を検討した(表9-3)。その結果,「自殺準備」と自殺系掲示板書き込み内容評価尺度の各下位尺度の間に相関は見られなかったものの,そのほかの3因子との間にはそれぞれ中程度の相関が見られた(r=.28〜.45)。

表9-3　尺度ごとの記述統計量と相関係数

			1	2	3	4	5	6	7	8
利用動機尺度	1	援助	—	.41**	.41**	.02	.38**	.39**	.45**	−.31**
	2	相談・打ち明け		—	.53**	.28**	.36**	.28**	.28**	.15
	3	克服・治療			—	.04	.38**	.40**	.40**	−.06
	4	自殺準備				—	.10	.10	.02	.31**
書き込み内容評価尺度	5	接近・存在肯定					—	.63**	.65**	−.13
	6	常識・規範的予防						—	.64**	−.18*
	7	問題解決							—	−.26**
自殺念慮	8									—

$**p<.01, *p<.05$

自殺念慮との相関の検討

さらに，自殺系掲示板書き込み内容評価尺度の3つの下位尺度得点と回答時の自殺念慮の強さとの相関を検討した（表9-3）。その結果，「問題解決」（$r=-.26, p<.01$），「常識・規範的予防」（$r=-.18, p<.05$）は有意な負の相関を示し，「接近・存在肯定」（$r=-.13, n.s.$）は有意ではなかった。

利用タイプと書き込みの評価の関係

前章において実施したクラスタ分析の結果である利用類型を独立変数，「接近・存在肯定」「常識・規範的予防」「問題解決」の各下位尺度得点を従属変数とした分散分析を行った。全ての下位尺度間で有意差が見られたため，TukeyのHSD法を用いて多重比較を行った（表9-4）。

さらに，各クラスタ内で自殺系掲示板書き込み内容評価尺度の下位尺度得点に関する一要因の分散分析（対象者内）を行ったところ，全てのクラスタにおいて主効果が有意であった（順に，$F(2,54)=10.89, p<.001; F(2,90)=6.93, p<.01; F(2,72)=23.19, p<.001; F(2,50)=11.32, p<.001$）。Bonferroni法による多重比較の結果は図9-1に記した。

表 9-4　利用動機類型ごとの自殺系掲示板書き込み内容評価尺度の下位尺度の値および分散分析の結果

下位尺度	クラスタ	n	M	SD	F	多重比較（TukeyのHSD法）					
						1-2	1-3	1-4	2-3	2-4	3-4
接近・存在肯定	1	28	2.50	1.09	12.02***		*		*	*	
	2	46	1.96	1.09							
	3	37	3.31	1.17							
	4	26	2.96	.87							
常識・規範的予防	1	28	1.88	.83	7.71***				*	*	
	2	46	1.43	.68							
	3	37	2.32	.94							
	4	26	2.07	1.07							
問題解決	1	28	2.56	1.08	10.01***	*			*		
	2	46	1.80	.95							
	3	37	3.05	1.18							
	4	26	2.45	.92							

***$p<.001$, *$p<.05$

**$p<.01$（Bonferroni法による多重比較の結果）

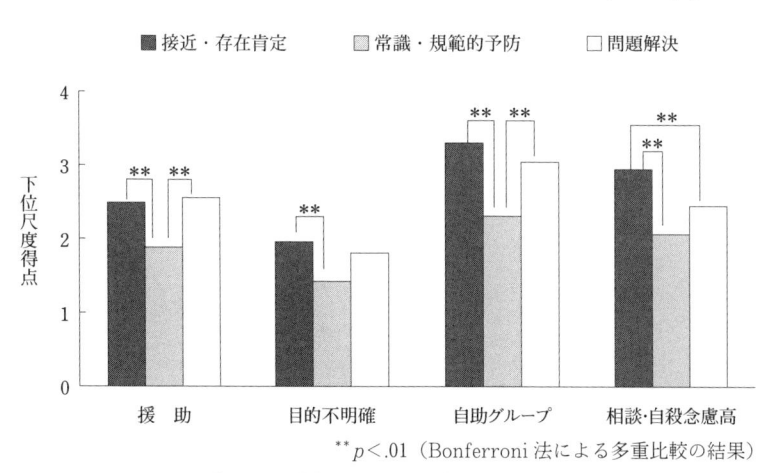

図 9-1　各利用動機類型における書き込みの評価の比較

9-4 考　察

下位尺度間相関

　自殺系掲示板書き込み内容評価尺度の下位尺度は，全ての下位尺度間でやや高い値を示したが（$r=.65$〜$.72$），これはウェブ上の書き込みを評価するという本研究の特徴が影響している可能性がある。既存のメディアがコンテンツ志向メディアであるのに対し，インターネットという新メディアはコミュニケーション志向メディアであり，インターネット上ではコンテンツ（書き込み内容）ではなくコミュニケーション（書き込み行為）そのものに意味が見出される傾向があるという指摘がある（東，2007）。このようなコンテンツの弁別性の低さから自殺系掲示板書き込み内容評価尺度の下位尺度間相関は高まったと考えられる。これに加え，因子間相関の高さには，本研究の設問の仕方が影響をした可能性もある。自殺系掲示板書き込み内容評価尺度は，「これらの書き込みは死にたい気持ちをやわらげるのにどれほど役に立ちますか」という形で質問をしており，自殺念慮が高まった者が置かれている具体的な状況は決められていない。回答者の中には，自殺念慮が高まった者の置かれた状況によってはどのような書き込みでも予防に役立つ（あるいは役立たない）と考える者がおり，それによって相関が高まった可能性がある。

　また，利用動機尺度の下位尺度得点と自殺系掲示板書き込み内容評価尺度の下位尺度得点間の相関の検討では，「自殺準備」と自殺系掲示板書き込み内容評価尺度の各下位尺度の間に相関は見られなかったものの，そのほかの3因子との間にはそれぞれ中程度の相関が見られた（$r=.28$〜$.45$）。掲示板を相談に活用しようという建設的な利用動機と予防的な書き込みの評価の間に正の関連が存在したことから，自殺系掲示板書き込み内容評価尺度には一定の妥当性が存在すると考えられる。

書き込みの評価と自殺念慮・利用者のタイプの関連

　自殺系掲示板書き込み内容評価尺度の下位尺度得点と自殺念慮の相関を見ると，「問題解決」と「常識・規範的予防」は有意の負相関を示していた。ここから，問題解決的働きかけや規範的な働きかけは，自殺念慮が強いとき

には有効とは言えず，自殺念慮がある程度低い時に行うことが望ましいのではないかと考えられる。

次に利用者のタイプとの関連を見ると，利用者全体としては，「接近・存在肯定」の評価が最も高く，次いで「問題解決」，最も評価の低いものが「常識・規範的予防」であった。自殺へ傾いた者への対応方法としては，「問題解決にとらわれず，その人の世界を教えてもらうつもりで新たな提案をせず3時間話を聞く」という方法の有効性が提唱されている（下園，2002）。その一方で，危機介入時において問題状況を変化させ心理的苦痛を和らげることの重要性も指摘されている（Shneidman, 1993）。本研究の結果からは，自殺系掲示板での対応としては前者の主張が支持されたと考えられる。

それでは，各利用者のタイプごとにこれらの評価の差異を見るとどうなっているであろうか。まず，「援助」動機が高く掲示板内で援助者としての役割をこなすことの多い「援助」群と「自助グループ」群においては「接近・存在肯定」と「問題解決」が同程度に高く評価され，「常識・規範的予防」の有効性は低く評価されていた。これに対し，被援助者となることが多い「相談・自殺念慮高」群においては，「接近・存在肯定」が高く評価され，「問題解決」は「常識・規範的予防」と同程度の評価しか得ていないことが明らかとなった。ここには，「問題解決」と自殺念慮が負の相関を有していることが関係していると思われる。つまり，被援助側である危険な動機を強く有する一群は，援助側に比べて自殺念慮が高いために，援助者側よりも「問題解決」的働きかけに対する評価が低くなっていると考えられる。

本研究の限界

第1に，サンプリングの問題があるが，これは前章において指摘したので割愛する。第2に，尺度の信頼性・妥当性の問題である。本研究で作成した自殺系掲示板書き込み内容評価尺度に関する基準関連妥当性の確認には不十分な点がある。今後は，インターネットを利用した調査と現実場面での調査を併用することにより，信頼性・妥当性の十分に確認された尺度を用いた研究を行い，さらなる検討を行っていく必要がある。

まとめと今後の展望

　以上のような限界を有するものの，本研究は以下の3つの意義を有する。1点目は，自殺系掲示板における書き込みの効果について検討する前段階として，掲示板上の予防的書き込みの種類について把握し，効果的書き込みのあり方を検討する尺度を作成したことである。2点目は，作成された尺度の下位尺度の関連などから尺度の妥当性について検討するとともに，自殺念慮の強さと書き込みの種類の評価について検討をしたことである。その結果，書き込みの評価内容として，「接近・存在肯定」が最も高い評価を得る一方で，「常識・規範的予防」は評価が低いことが示唆された。この知見は，精神科医や臨床心理士などを中心とした先人の臨床経験から導き出された危機介入方法（Shneidman, 1993; 下園，2002；高橋，2006 など）と概ね一致する内容であった。臨床経験から導き出された方法に対して改めて統計的裏付けを与えたという点に本研究の意義がある。3点目は，自殺系掲示板に関する利用動機尺度によって利用者のタイプ分けをした上で，各タイプがどのような書き込みを有効だと評価するかという点について検討したことである。著者の知る限り先行研究にはこの点について検討したものは存在しない。

　インターネット上の自助グループ的な活動を活用した自殺予防についてはその有望さは指摘されているものの，現在のところ，有効性に関するエビデンスは存在しない。本研究では，どのような書き込みを増やしていくことでこうした活動の有効性を高めることができるのかを示すことができた。今後は，実際にインターネット上のグループを活用した自殺予防活動を適切に設計／運営し，その効果を検証していくことが望まれる。

第10章
自殺系掲示板の持つ自殺予防効果の構造　[研究6]

10-1　問題・目的——何が自殺予防につながるのか？

　これまで，第8章では自殺系掲示板にアクセスをする人たちのタイプ分けを行った上で，掲示板の影響を自殺念慮という観点から測定した。結果として，掲示板は自殺念慮を増幅させる機能をもっていないこと，積極的に自助グループ活動を展開する一群が特に自殺念慮を減少させていることが明らかになった。こうした点を踏まえ，前章では「相談」という観点から掲示板の自殺予防的利用方法について模索を行った。

　しかしながら，これまでのオンライン相互援助グループ利用者への質問紙調査の結果からは，掲示板の利用者の中に相談行為にほとんど意味を見出していないものの，自殺念慮を減少させている利用者（＝目的不明確群）が数多く存在することが明らかになっている。こうした結果を鑑みると，援助要請意図が低く相談活動に積極的に参加をしていない人々を中心にも焦点をあてながら，自殺系掲示板の機能についてより多角的に検討していく必要性があると考えられた。

　そこで本研究では，掲示板が利用者の自殺念慮を減少させるメカニズムについて，相互相談という視点以外のより多様な観点から検討をするために，オンライン相互援助グループ利用者に対するメールでの対話を通じた調査を実施した。

10-2　方　法

質的研究法の採用
　先行研究では自殺予防を目的としたオンライン相互援助グループの影響に

関する検討はなされているものの，こうした影響の生じるメカニズムについて論じたものはない。このように有効な既存の理論が見つからない場合には特に質的研究法が有効であるという指摘がある（能智, 2000）。そのため，本研究では質的研究法を採用した。具体的な方法論としては，質的研究法の中でもグラウンデッド・セオリー・アプローチ（以下，GT法）（Strauss & Corbin, 1998）に準じた。それはこの方法が，質的研究法の中でも手順などの方法論が整っていること，社会的相互作用に関係した人間行動の説明と予測に有効であり（木下, 2003），双方向メディアである掲示板上の行動とその効果を研究する際に有用だと考えられたことによる。

研究の枠組み

本研究では理論的サンプリングに基づいてデータ収集を行った。それはこの方法が概念の精緻化を助けるだけでなく，データ解釈の妥当性を逐次的にチェックすることに役立つからである。データの収集と分析を並行して行うGT法においては，理論的サンプリングによって新たなデータを収集し，分析をした後にその結果を踏まえてまた新たなデータを収集する継続的比較の過程を繰り返す。このデータ収集と分析の1セットをステップと呼ぶことにすると，本研究は全体で6つのステップから成り立っていることになる。

ステップ1では3つの有名自殺関連サイトの利用者に対して調査を行った。ステップ2では自殺関連サイトの種類を拡大し，様々なサイトで調査協力依頼を行った。ここまでで，本研究における基礎的なカテゴリを生成した。さらに，ステップ3ではSNSの自殺系コミュニティの利用者に，ステップ4ではこれらのサイトの管理者に対して調査を行い，カテゴリを精緻化した。最後に，ステップ5・6では，それまでに作られたカテゴリをより広範な人にあてはめることができるかの確認が行われた。ステップ6が終了した時点で理論的飽和に達したと判断して分析を終了した。

調査の手続き

第8章の予備調査で見出された自殺予防目的で運営されている電子掲示板17件の中で掲示板上にメールアドレスの表示があり利用者に連絡可能な掲

表 10-1　調査協力者の概要と選択基準

ステップ	No	性別	属性	利用サイト	選択基準
1	1	女	利用者	自殺関連サイト	有名自殺関連サイト
	2	女	利用者		
	3	男	利用者		
	4	男	利用者		
	5	男	利用者		
	6	女	利用者		
2	7	女	利用者	自殺関連サイト	自殺関連サイトの種類の拡大
	8	男	利用者		
	9	女	利用者		
	10	女	利用者		
	11	男	利用者		
3	12	女	利用者	SNS	自殺系コミュニティ (SNS)
	13	女	利用者		
	14	女	利用者		
	15	女	利用者		
	16	女	利用者		
4	17	男	管理者	自殺関連サイト	管理者目線
	18	男	管理者	自殺関連サイト	
	19	男	管理者	SNS	
5	20	男	利用者	自殺関連サイト	自殺関連サイトでの確認
	21	男	利用者		
	22	男	利用者		
	23	女	利用者		
	24	男	利用者		
6	25	女	利用者	SNS	SNSでの確認
	26	女	利用者		
	27	女	利用者		
	28	男	利用者		

示板10件を調査対象とした。次に，2008年7月に国内最大手SNS（mixi）のコミュニティ検索機能において「自殺」という言葉で検索を行った。検索結果上位20件のコミュニティの説明文を閲覧し，その中から自殺予防目的で運営されており登録者が1000人以上のコミュニティを選定したところ7件が該当した。さらに，SNS外の自殺系掲示板と同質の条件を揃えるため，コミュニティへの参加に管理者の承諾が必要なく，スレッドの作成を参加者

が自由に行えるコミュニティを検索したところ、7件のうち3件がこの条件に該当した。そこで、この3つのコミュニティを調査対象に加えた。利用者に関しては、これら13の掲示板から連絡可能なものに対しランダムに調査依頼のメールを送り、承諾の返信のあった全ての者に対して調査を行った。なお、運営目的を確認するための閲覧作業は行ったものの、調査対象となったいずれの掲示板についても著者は参加していなかった。

最後に、管理者については上述の方法で得られた掲示板の連絡可能な管理者全員に対して依頼を行い、承諾の返信のあった全ての人に対して調査を行った。その結果、本研究の調査協力者は最終的に28名となった（表10-1参照）。

データ収集は、上記の方法で選定された調査協力者に対し著者自身がメールによる調査を半構造化面接の手法を援用しながら行った。1人あたりの平均やり取り文字数は約1万3000字であった。調査に際しては、①調査目的、②調査方法、③予想メール回数、④メールの内容は責任を持って保管をすること、⑤収集されたデータは全て法律によって命じられることがない限り機密にされること、⑥メールの内容をデータとして使用し、論文内で発言の引用を行う場合には匿名性が保たれるよう配慮を行うこと、⑦データは一定期間後に消去されること、の7点を説明しメールにて同意を得た。調査時には相手の非言語的な情報がわからないため、メールの文体をなるべく相手の文体に合わせることでラポールの形成に努めた。具体的には、顔文字（エモティコン）をよく用いる相手に対してはこちらも顔文字を用いるなどといった工夫を行った。なお、調査に際しては事前に電話相談やインターネット相談が可能な援助資源をリスト化し紹介可能にするなどの倫理的配慮を行った。

分析の手続き

データ分析は以下のような手順で行った。①切片化：メールでのやり取りをローデータとし、文章の改行点に着目しながら意味の単位ごとに分解した。②コーディング：それぞれの切片に対しデータの特徴をつかんだ短い名前をつけた。また、1つの切片に対して複数の解釈が可能な場合には複数のラベルをつけた。③カテゴリの生成：コーディングされたデータを比較し、同じ

ようなコードをまとめて名前を付けカテゴリを生成した。カテゴリがある程度生成されると，同様のことをカテゴリに対しても行いカテゴリ・グループ（以下，CG）を作成した。④カテゴリの精緻化：新しいデータを追加するごとに既存のカテゴリでそのデータを説明することを試みた。既存のカテゴリで説明できないデータについては，そのデータを用いて新たなカテゴリを生成した。ただし，既存のカテゴリを分解・統合した方がよりよい説明が可能な場合にはカテゴリの再編成を行った。これらの手順は①から④へと一方向に進んでいくものではなく，データが追加されるごとに①から④を循環的に繰り返すものであり，その過程で精緻化が進められた。⑤モデルの生成：生成されたカテゴリを元に自殺系掲示板の機能を視覚的に表現した。なお，これらの分析は著者1人によって行われた。

研究の「質」を高めるための工夫

質的研究においては量的な研究において用いられる信頼性・妥当性といった概念によりその評価を行うことが難しい。そこで，能智（2005）の提案する3つの視点を取り入れ，研究の質を高める工夫を行った。以下ではその3点について順次見ていく。

まず，重要になる点は収集されたデータが分析を行う際に頼りになるかどうかという点（質の高いデータの収集と使用）である。量的研究における信頼性とゆるやかに対応しているが，この点に関しては「依存可能性（dependability）」という用語が提案されている（Lincoln & Guba, 1985）。本研究では，検索により様々なサイトから調査協力者を集めること，メールでのインタビュー時に上述のような注意点を設けることでこの点に注意を払った。

次に，質的研究を行う上で重要となるのは，データの抽象化やそこからの推論の手続きが適切に行われているかという点（適切なデータ処理と命題の導出）である。データとそこからの推論の関連については「信用性（credibility）」という概念が提案され（Lincoln & Guba, 1985），質的研究の評価基準の1つとして用いられている。本研究では，分析過程におけるコーディングやカテゴリ作成における具体例を示すことで「信用性」を確保した。

最後は結果の転用可能性，つまり一般化可能性である。この場合において

重要なことは読み手の側にリアリティをもった存在だと感じさせることであり，そのためには「厚い記述（thick description）」（Geertz, 1973）を適宜示していく必要がある。この点を踏まえ本研究では，カテゴリ表を作成するとともにそこにローデータ協力者のナラティヴを豊富に載せることとした。

10-3　研究過程と結果

ステップ1

目　的　既存の理論がない中で，自殺系掲示板が利用者の自殺念慮を減少させるメカニズムについて理解するための足がかりを作成する。

調査協力者　自殺系掲示板の検索により得られた掲示板10件のうち検索上位3件を利用した。各サイトの掲示板上に個人用メールアドレスを表示している者に対して，最新のものから順に調査依頼のメールを送信し，4名からの承諾を得ることを目安に依頼作業を続けた。その結果，最終的には6名から承諾の返信があり全員に対して調査を行った。

調査項目　メールによる調査において以下の質問項目を用いた。
・アクセスした動機はどのようなものでしたか。
・サイト上で行っていた行動はどのようなものでしたか。
・その行動はあなたにどのような心理的変化をもたらしましたか。
・自殺サイトの持つ正の影響にはどのようなものがあると思われますか。

分析方法　切片化されたデータに対し考えうるだけのコードをつけた。そしてそのコードを利用し似たものをまとめてカテゴリの生成を行った。カテゴリの生成が進んでからは，さらにカテゴリ同士を見比べながら関連付けることでCGを生成した。

結　果　得られたCG・カテゴリは表10-2に，発言例は表10-3にまとめた。なお，表10-3はステップ1から3までの発言例をまとめる形で掲載している。

考　察　ステップ1を終えてCGとしては，【書き込む行為】【読む行為】【相互効果】【書く効果】【読む効果】の5つが得られた。これらのCGの関係を見ると，サイト上で行われる【書き込む行為】と【読む行為】を結び付

表10-2 生成されたカテゴリの変遷（ステップ1-3）

ステップ1			ステップ2		
CG	カテゴリ	下位カテゴリ	CG	カテゴリ	下位カテゴリ
書き込む行為	自発表現	独白	個人内効果	孤独感の減少	1人ではない
		相談			共感できる
		日常会話		気持ちの整理	吐き出し
	レス				客観的視点の獲得
読む行為				現実を忘れる	
相互効果	共感される		ステップ3		
	共に頑張る			約束された共感	
	考えの変化			孤独感の減少	1人ではない
	具体的問題解決				共感できる
	有用感		個人内効果	気持ちの整理	吐き出し
書く効果	吐き出し				客観的視点の獲得
	現実を忘れる			現実を忘れる	
読む効果	相対的幸福感				

ステップ2と3では【書き込む行為】【読む行為】【相互効果】に変化はなかったため，これらの記述は省略され【個人内効果】のみを記した。

けることでコミュニケーションが行われ，各々の行為から【書く効果】と【読む効果】が，たがいに書き込み合うことでなされる相互行為から【相互効果】が生まれるという構造があると考えられた。

ステップ2

目　的　ステップ1の結果を生かしながら，掲示板が利用者の自殺念慮を減少させる機能について理解するための基礎的カテゴリを生成する。

調査協力者　ステップ2では対象となる自殺関連サイトの範囲を拡大し，検索4～7位の4つのサイトの利用者に調査の依頼を行った。依頼方法はステップ1と同様であり，最終的に5名からの承諾を得た。

調査項目　ステップ1と同様。

分析方法　まず，切片化したデータに対しそれ以前に生成されたカテゴリを割り振ることを行い，それ以前に生成されたカテゴリによる新規データの説明を試みた。そして，作成済みのカテゴリで説明し切れないデータを用いて新たなカテゴリの生成やカテゴリの再検討を行った。

結　果　得られたCG・カテゴリは表10-2を，発言例は表10-3を参照されたい。なお，ステップ2と3では【書き込む行為】【読む行為】【相互効

表 10-3　ステップ 1〜3 のカテゴリに分類された発言例

カテゴリ	発言の引用　　　　　　　　　　　（No. X）は発言者を表す
独白	あらゆる人とモノへの罵詈雑言や自殺願望も書きましたし，世界平和を願ってみたりこういう人間になりたいと理想を書いてみたりもしました。頭の中にあることをそのまま書き出していた感じです。(No. 1) 吐き出し系のトピに書き込むだけで，馴れ合いを目的とはしていません。(No. 12) 「人に聞かれなくてもいい。ただ，気持ちの整理をつけるために，どこかに吐き出したい」と思うようになりました。(No. 14)
相談	兄の事を前までよく相談していました。(No. 2) 自殺を希望するような人間にとっては，普通の会話が救いにならないので，やはり同様の苦しみを多少なりとも理解できる相手に相談したいのです。(No. 9) 私はやはり死にたいと言いたいのだと思います。口に出したいのだと思います。誰かに聞いて欲しいのかもしれません。(No. 12)
日常会話	管理人さんもとても歓迎してくれて，「w」や楽しい話がこれでもかと言うばかりに話せるからです。(No. 2) 「夜眠れなくてさ〜」とか「あの煙草がいいよね〜」とか「六本木は〜」などなど，日常会話がほとんどです。もちろん，「死にたい」などと言う人がいれば話を聞きます。(No. 3)
レス	今は，私が安定して自傷もしなくなったので専らレスで交流してます。(No. 6) ほとんどが他のスレに対する意見です。相談や深く入る事はしませんでした。(No. 11) 励ますことを目的にして，サイトに来る人もいるので。(No. 14)
読む行為	自殺サイトへのリンクを集めたサイトから手当たり次第に飛んで，あちこちのサイトで書き込んだり他人の書き込みや遺書を読んだり。(No. 1) 現在は，掲示板はたまに見ていますが，スレをたてることはほとんどありません。(No. 8)
共感される	こういう関係のいいところは，相容れない価値観があってもそれが全てじゃない，自分を肯定してくれる人もいる，と感じられることです。(No. 1) その事を相談すると皆自分の事を気遣ってくれたりよくしてくれました。(No. 2) それで自殺願望がなくなるとかより，きっと共感して欲しいのだと思います。(No. 7) 理解者がそのコミュニティにいてくれたことが大きいですね。(No. 15)
共に頑張る	辛い時には「一緒に我慢しよう」と言われ，私は本当にゆっくりとですが自傷の回数を減らしていく事ができました。(No. 6)

考えの変化	人のことなんて気にしない，自分は自分だと言う風に人の目をあまり気にしなくなりました。(No. 2) そもそも，人生に苦しみのない事があるだろうか？との疑問を持つこともありました。(No. 9)
具体的問題解決	イジメが原因で二度も高校を中退した人が来てましたが，その人に大検や通信制高校などもあるので，そういうところへ行ってみてはどうかと提案し，参考になりそうなサイトを紹介しました。(No. 4)
有用感	この人のためにレスを書いてる自分は優しい／有用だと思えたり，そうして自分への自信を強める人はいるんじゃないかと思います。(No. 1) 誰かの役に立ったという感覚が劣等感の緩和につながるような人もいるでしょう。(No. 9) 私自身，他の苦しい人の役に立てるならうれしいですからね。(No. 14)
吐き出し	苛々を文章にするとすっきりすることに気づいて日々の嫌なことを書きなぐっていました。(No. 1) サイトに悩みを打ち明ける事ですっきりできます。(No. 6) 文章にすることで，気持ちが整理されたように感じます。(No. 8) ストレスを誰かに聞いてもらうことはできましたよ（^o^)(No. 10)
現実を忘れる	書くことを思い付かなくなるまで書き続けるので頭をからっぽにできます。(No. 1) どうしようもなく湧き上がった自殺願望が鎮まるまでの現実を忘れる側面もあるかもしれません。(No. 12) 辛いときに一時的に逃げ込めるような場所という認識です。(No. 12)
相対的幸福感	人によりますが，レスを書くことで相対的に自分は幸福だと思えたり(No. 1) 色々な人のそれぞれの苦境を知ることで，自分よりも苦しんでいる人がいるとか，音を上げるのは早いと思えるようになりましたね。(No. 9)
一人ではない	自殺サイトで得られる慰めは，ある意味，自分の置かれている状況と思考や傾向を他の人たちの姿に認めることが出来る点にあります。(No. 9) それを聞くと「私だけじゃないんだ。よかった」と，楽になったという部分もあります。(No. 14) 自殺願望は常にありますが，書き込みがある度1人じゃないと思えてとても楽な気持になります。(No. 16)
共感できる	サイトで言葉を交わす方なら，私への偏見や固定概念もないでしょうし，何より相手もリスカや自殺に関係しているというだけで，仲間意識……とか多少は共感できるんじゃないか，とか思っちゃいます。(No. 6) 共感する相手がいるという感覚が励みとなる人がいるでしょう。(No. 9) 同感出来る状況（死にたいと思ってたりする時とか）なら他人の辛い気持に賛同出来ます。(No. 16)

客観的視点の獲得	自分1人で堂々巡りせず，より客観的に自分を見つめる事が可能になります。理性的に自分と向き合い，自問自答するのです，「これでいいのか？　何か手段があるはずじゃないか？」って。(No. 9) 書き込みすることで自分自身を少し客観視できて衝動がおさまるといった理由で利用しています。(No. 13)
約束された共感	その板に誰かではなく，何か存在のようなものを感じていて告白を繰り返しているのかもしれません。チラシの裏，というスレが色々な板にあります。…（中略）…これは，独り言を自由に書き込むスレッドです。愚痴ったあとに，きいてくれてありがとうチラ裏，と書かれることがあります。(No. 12)

果】に変化はなかったため，これらのカテゴリのステップ2と3における記述は省略されている。

考　察　ステップ2では大きく，3つのカテゴリ再編が行われた。まず，【孤独感の減少】というカテゴリを作成した。このカテゴリは，【1人ではない】と【共感できる】というカテゴリが新たに作成されたことを機に，2つのカテゴリを統合することで作成された。孤独感という表現は既存の心理学用語であるが，調査協力者の語りから散見されること，孤独感に関する先行研究とステップ2で生成されたカテゴリが合致することからこのように命名された。落合（1982）は，孤独感の規定因について，人との関係によって規定されるとする「対他的次元」，自己のあり方の意識によって規定されるとする「対自的次元」，時間的展望によって規定されるとする「時間的展望に関する次元」の3つを心理的条件として挙げている。ステップ2で生成された【1人ではない】は対自的次元の規定因である個別性の意識に，【共感できる】は対他的次元の規定因である人間同士の理解・共感についての感じ方に該当する。このような作用によって，孤独感が減少すると考えられたことから，本カテゴリは作成された。

次に，【相対的幸福感】が解体され，【客観的視点の獲得】が新たに作成された。これは，様々な人の置かれた苦しい状況を知ることは，自分はそれに比べればましであるという優越感をもたらすだけではなく，よりポジティブな思考の転換を可能にしているということが示唆されたことによる。そして，【客観的視点の獲得】と【吐き出し】を【気持ちの整理】として1つのカテゴリにまとめた。

さらに,【書く効果】と【読む効果】を解体し,【気持ちの整理】【孤独感の減少】【現実を忘れる】を【個人内効果】という新たなCGにした。これは,【現実を忘れる】と【孤独感の減少】が【書く効果】のみではなく,【読む効果】のカテゴリ内で発見され,ステップ1で生成したCGでは説明できなくなったためである。

ステップ3

目 的 利用者の属性を変えながらカテゴリの精緻化を行う。

調査協力者 掲示板の種類を拡大し,SNS内の自殺系コミュニティの掲示板を利用する人たちを対象とした。各コミュニティの掲示板に書き込みをした者に対して,最新のものから順にmixiのメッセージ機能を用いて調査依頼を行った。4名からの承諾を得ることを目安に依頼作業を続けた結果,最終的には5名からの承諾の返信があり全員に対して調査を行った。

調査項目・分析方法 ステップ2と同様。

結 果 得られたCG・カテゴリは表10-2を,発言例は表10-3を参照されたい。

考 察 ステップ3では,新たに【約束された共感】というカテゴリが生成された。本カテゴリは,自らが書き込んだ場合には肯定的・共感的レスがつくだろうと思えるという心理的効果を示している。これは,調査協力者(No. 12)の「チラシの裏というスレッドが色々な掲示板にあります。これは,独り言を自由に書き込むスレです。愚痴ったあとに,聞いてくれてありがとうチラ裏と書かれることがあります。そういう感覚があるのかもしれません。王様の耳はロバの耳でいうなら,私は叫びを受け止めてくれる穴に,無機質なただの穴以上のものを感じているのかもしれません」という発言を機に作成された。ここでは,自分の書き込みにレスがない状態であっても,自分の話が聞いてもらえているという感覚を得る者がいることが示されている。また,ステップ2の調査協力者(No. 7)の中からは,「他人の書き込みを読んだりして同じ意見などをみると,自分の中では共感を得たと思う事があります」という発言が見られている。前者では【約束された共感】がレスを必要としないことが示されていたが,ここではさらに一歩進んで,自らが

書き込みをすることすら必要がないということが示されている。これは，書き込む人間にとって本物の共感体験は必要なく，自分が共感されるはずのコンテクストの中に存在するという確信を生み出す過去ログがあればそれだけで癒されるということを意味している。

ステップ4

目　的　本研究の対象範囲から僅かに外れた属性を持つ調査協力者から得たデータを分析することで，自殺系掲示板の効果のメカニズムに関する知見を洗練させる。これは，管理者というメタ的視点の導入が，カテゴリおよび分析者の視点を見直すことに有効だと考えられたからである。

調査協力者　自殺関連サイトの管理者とSNSの自殺系コミュニティの管理者の計3名。

調査項目　管理者に自殺関連サイトの利用歴について質問をした結果，3人とも自殺関連サイトの利用者を経て管理者になっていたため，利用者としての経験についてはステップ1と同様の質問をした。それに加え，以下のような質問を追加で行った。

- サイトの運営動機はどのようなものですか。
- 運営するサイトの歴史を教えて下さい。
- そのサイトの持つ自殺予防効果はどのようなものですか。
- その効果を出すために，管理上特に気をつけていることはどのようなものですか。

分析方法　ステップ2と同様。

結果と考察　新たに【回復への希望】と【サイト全体の雰囲気】というカテゴリを生成した。前者は，自殺念慮に苛まれる利用者に対して，そうした状態から回復した先人が回復への軌跡を示すことであり，後者は，個人が行う書き込みの集合が全体として作り上げるサイト特有の雰囲気が利用者の癒しとなるということを意味している。

ステップ4のデータは本研究が直接対象とする範疇を越えた調査対象者から得られたものであるが，3名の管理者にも利用者経験があることを考慮すれば，利用者の感じている自殺系掲示板の有用性を考える上でも重要である

と考えられた。そこで，これらのカテゴリをステップ1〜3のデータの中から探したところ，【回復への希望】に関しては利用者のデータからも発見されたが，【サイト全体の雰囲気】は発見されなかった。そのため，【回復への希望】に関しては結果の一部とし【孤独感の減少】の下に置くこととした。これは，落合（1982）の示した孤独感の規定因の「時間的展望に関する次元」に該当すると考えられたためである。また，【サイト全体の雰囲気】は結果の中には含めず，分析の視点としてモデル生成時に意識するに留めた。

ステップ5・6

目　的　これまでのステップで生成されたカテゴリの機能を確認・検証し，自殺関連サイトの持つ予防的機能のモデルを生成する。

調査協力者　ステップ5では対象となる自殺関連サイトの範囲を拡大し，検索8〜10位の3つのサイトの利用者に調査の依頼を行った。ステップ6ではステップ3と同様の方法で依頼を行った。4名の承諾を目安に依頼を繰り返したところ，最終的にステップ5では5名，ステップ6では4名の承諾を得た。

面接項目・分析方法　ステップ3と同様。

結果と考察　分析の結果，ステップ5と6では特にカテゴリの変更の必要性は認められなかった。連続した2ステップでカテゴリの変更を必要としなかったことからこの時点で理論的飽和に達したと判断し分析を終了した。本研究で最終的に得られたカテゴリを表10-4に，カテゴリの定義とその代表的データを表10-5に記す。

カテゴリ間の関連

ローデータから確認されたカテゴリ間の関係をまとめ，生成されたカテゴリ間の関係を視覚的にまとめた。カテゴリ間の関連に関する仮説と裏付けとなるデータの具体例は表10-6にまとめた。また，生成されたモデルを図10-1として示した。

表10-4 最終的に生成されたカテゴリ

CG	カテゴリ	下位カテゴリ
書き込む行為	自発表現	独白
		相談
		日常会話
	レス	
読む行為		
相互効果	共感される	
	共に頑張る	
	考えの変化	
	具体的問題解決	
	有用感	
個人内効果	約束された共感	
	孤独感の減少	1人ではない
		共感できる
		回復への希望
	気持ちの整理	吐き出し
		客観的視点の獲得
	現実を忘れる	

表 10-5 最終的に生成されたカテゴリの定義と代表的データ

カテゴリ	定義（上段）と発言例の引用　　　　　（No. X）は発言者を表す
独白	自らの苦しい状況や自殺願望を中心とした負の感情を掲示板上にレスを期待せずアップすること。
	報告のような書き込みが多く，相談するような内容はほとんどなかったと思います。(No. 21)
相談	自らの苦しい状況や自殺願望を中心とした負の感情をレスを期待しつつ掲示板上にアップすること。
	自殺どうこうの質問や相談をするときは，質問広場もコミュも数か月に1回程度です。(No. 27)
日常会話	利用者が日常的な事柄について掲示板上で話をすること。独白や相談と異なり苦境や負の感情がテーマに上がらないことを特徴とする。
	誰でもついていける話題であることが必要であるので，僕はたびたび食べ物の話をしています（笑）。(No. 17)
レス	利用者の自発表現に対して，他の利用者あるいは管理人からつけられたコメント。
	レスは暇な時や一言言いたいときに付けます。(No. 27)
読む行為	他者あるいは自らの書き込みを読むこと。
	こちらは今もたまに覗きます。書いてはいませんが。(No. 26)
共感される	自らの書き込みに対して肯定的なレスがつくこと。
	今つらいことについての共感が欲しかったように思います。(No. 24)
	書き込むとたいていは共感してくれ否定はされないですよね。(No. 14)
	自分の意見をわかり合ってくれる人が居る安心感が私にとっての魅力です。(No. 16)
共に頑張る	同様の問題を抱える利用者同士が，お互いの問題状況を克服するために励まし合うこと。
	苦しんでいるのは，何も私1人ではないのだから，もう少し我慢できる筈だと思えます。(No. 9)
	悩みを吐き出せる相手を見つけられたのなら，そこからお互いに励まし合う事も出来るのではないかと思います。(No. 6)
考えの変化	問題状況への認知あるいは問題状況化における思考のパターンが変化すること。
	今までの自分の考え方に新しい発見があったのだと思います。(No. 22)

		自分で考えていることを深めたり，開拓したりしたかったのではないかと思います。(No. 26)
		誰かにフォローしてもらう事で方向をかえられたりすることはあるのでしょう。(No. 7)
具体的問題解決		利用者の抱える問題状況が他の援助資源を活用することによって解決すること。
		障害手帳をとったほうが，失業給付がのびることや，リハビリの仕方についての自身の経験を教えることによって，方向性がみえて少し楽になられる方もおられました。(No. 28)
有用感		利用者が他者の役に立つことによって，自らの存在意義を見出していくこと。
		問題を解決していたときに感謝のメッセージなどがくると嬉しいと思います。(No. 19)
		単に他人を励まして自己満足を得ようとしていただけに思います。(No. 21)
約束された共感		過去ログを読む，あるいは自発表現をする過程において，仮に自らが自発表現をした場合には，他者から共感されるだろうと感じること。
		居心地の良さは，「ここなら自分を受け入れてくれる」という安心感ではないでしょうか。(No. 17)
		ある程度書き込みがあって，雰囲気もあって「ここなら書き込んでも大丈夫かな？」というのが無いと，ですね。(No. 18)
1人ではない		自らと似たような問題状況・思考・感情を抱える人がいることを知ること。
		そこでは私と同じ気持ちの同志もいますしね。(No. 22)
		同じような考えを持った人が集まってるから，非難されることもないし，傷付けられることもないし，現実よりもネットの中のほうが安心できるんです。(No. 25)
共感できる		他者の書き込みを読んで，共感可能だと感じること。
		同じような苦しみを抱えていて，共感が強く感じられるという面。(No. 18)
		似ているから共感しやすかった。でも，お互いに弱いから助け合うのは難しかった人です。(No. 14)
回復への希望		自殺願望から回復した人の回復過程やスキルについての情報を得ることで，自殺願望から抜け出せるという回復への希望を持つこと。
		心の病の困難を乗り越えた経験をお持ちの方が居たとすると，それを励みに苦しみに向き合える勇気や実際に乗り越えるスキルが得られることがあり，大きな力になるのではないでしょうか。(No. 18)
吐き出し		内向きの攻撃性を外に向けて処理をし，負の感情を外在化することで気持ちを落ち着けること。

	人には言えない悩みを打ち明ける事で，心が少しでも安らぐ点ですかね。(No. 22)
	自分のうちにあるものをすべて吐き出して，少しでも楽になりたいと思ってやっています。(No. 27)
客観的視点の獲得	他者あるいは自らの書き込みを客観的な視点から眺めること。
	mixiだと書き込みの前に確認画面がでますよね？ あの確認画面でもう一度自分の文章を読み返すと「ああ，自分は今こんな心理状態なんだ」と感じることができます。(No. 13)
	直面している問題を落ち着いた視点で見ることが出来るようになるのではないでしょうか。(No. 12)
現実を忘れる	自殺願望の一時的な高まりが過ぎ去るまでの時間を耐えること。
	自殺願望は波のように高まったり収まったりしますので，書いたり読んだりしながらそれが収まるのを期待していると思います。(No. 12)
	誰かの悩み事を読んで，気を紛らわせているのかもしれません。(No. 8)

表 10-6　本研究で生成された仮説

影響元	影響先	仮説とデータの解釈例
自発表現	吐き出し	自分のいつも思っている事があまり外に出せない方などはよくあそこで書いたりして発散しているのではないでしょうか（少なくとも私は発散させていただいています）。(No. 2) →　自発表現をすることによって，自らの内にある感情（特に自殺願望）を外に向けて表現をし，気分を転換する効果があることが示されている。
自発表現	客観的視点の獲得	本当に辛い感情や出来事は言葉に出来ません。ある程度それが自分の中で消化できた時，初めて言葉になると思います。そしてそれを，書いたり，話したりすることで，さらに自分の中で整理が進み，あまりにも難解でなす術も無かったと思われた直面している問題を落ち着いた視点で見ることが出来るようになるのではないでしょうか。(No. 12) →　自らでも理解がし難い感情などについて言葉を与えていくことで自己理解が進み，冷静さを取り戻すことができることが示されている。
自発表現	現実を忘れる	自殺願望は波のように高まったり収まったりしますので，書いたり読んだりしながらそれが収まるのを期待していると思います。(No. 12) 書くことを思い付かなくなるまで書き続けるので頭をからっぽにできます（自傷らしい自傷をしたことがないのですが，当時のは自傷行為に似ていたと思います）。(No. 1) →　自殺願望の高まりが自然と収まるまでの現実を忘れるのを書くことによって行っていること，またそこには時に自傷行為とも似た解離状態に近い感覚が得られることが示されている。
読む	客観的視点の獲得	mixiだと書き込みの前に確認画面がでますよね？　あの確認画面でもう一度自分の文章を読み返すと「ああ，自分は今こんな心理状態なんだ」と感じることができます。鬱病でよく用いられる，認知療法に似たものなのかもしれません。冷静になれるんです。(No. 13) →　自らの書いた文章を読むことによって，現状に対する客観的な視点を得て冷静な気分になることがあることが示されている。

読む	現実を忘れる	自殺願望は波のように高まったり収まったりしますので，書いたり読んだりしながらそれが収まるのを期待していると思います。（No. 12）
		あまり考えずに読んでいましたが，大体は自分が落ちてる時に掲示板へ訪れるので，誰かの悩み事を読んで，気を紛らわせているのかもしれません。（No. 8）
		→ 自殺念慮の高まりが自然と収まるまでの現実を忘れるのを読むことによって行っていること，読むことによって現実から離れることが可能であることが示されている。
読む	共感できる	音楽が気に入ったんですが，毎日眺めていると，中には共感できるようなことも多く書きこみされていたので，賛同する形で投稿し始め，後は毎日日記のような状態で書きこんでいきました。（No. 21）
		→ 他者の書き込みを読むことによって，自らが他者に対して共感をできるという感覚を覚えることがあることが示されている。
読む	1人ではない	自殺サイトで得られる慰めは，ある意味，自分の置かれている状況と思考や傾向を他の人たちの姿に認めることが出来る点にあります。（No. 9）
		私同様に，死にたいとうめく人々のいる自殺サイトは，居心地のよさを感じました。レスを求めるだけでなく，安心感とでもいうのでしょうか，うまく言葉にできませんが，見ているだけで落ち着くような感覚がありました。（No. 12）
		→ ログを読むことにより，自らと同様に死にたいという感覚を共有する人々がいることを知り，自分の感覚が特異なものではなく似たような感覚を持つ人もいるとの認識が利点となることが示されている。
共感できる	約束された共感	他人の書き込みを読んだりして同じ意見などをみると，自分の中では共感を得たと思う事があります。（No. 7）
		→ 他者の書き込みに自分と同じ意見を認め，共感できると感じることが，自らに対して共感されているという感覚につながることがあることが示されている。ここには，共感できるという思いが，他者に対して投影されることによって自らが共感されていると感じるというメカニズムが生じていると考えられる。

1人では ない	共感できる ↓ 約束された 共感	居心地の良さは，何といっても「ここなら自分を受け入れてくれる」という安心感ではないでしょうか。自殺願望や心の病など，周囲にいる健常者には理解してもらえない悩みであっても，自殺サイトには似た体験や症状をもっている人が多く集まっているので，その分知識のある人が多いのだと思います。(No. 17)
		→ 自らが受け入れられるだろうという幻想的自己肯定感（【約束された共感】）が生成される過程には，似た体験・症状を持った人たちがいるという認識（【一人ではない】）が重要であることが示されている。
自発表現 ⇔レス	有用感	この人のためにレスを書いてる自分は優しい／有用だと思えたり，そうして自分への自信を強める人はいるんじゃないかと思います。(No. 1)
		→ レスをつけ相手の役に立つことによって，自分に価値を見出すことがあることが示されている。
自発表現 ⇔レス	共感される	バーチャルな場所だけにしか言葉や気持ちを出せない人が多いので，そこで，同じような体験したり，分かって貰えるような言葉が返ってくるのは，少なからず救われたり，和むとは思います。(No. 7)
		→ 共感的なレスがつくことが心理的効果をもたらすことが示されている。
自発表現 ⇔レス	考えの変化	あなたなら大丈夫って他の人がよく言ってくれていたものですから自分の気持ちの持ちようがかわってその人のことは気にしないようになったのかもしれません。(No. 2)
		→ 利用者間の相互的やり取りの中で，相談者の考え方が変わっていったことが示されている。
自発表現 ⇔レス	具体的 問題解決	イジメが原因で二度も高校を中退した人が来てましたが，その人に大検や通信制高校などもあるので，そういうところへ行ってみてはどうかと提案し，参考になりそうなサイトを紹介しました。次の日，その人はお礼を言って，「大検を受けることにした」と書いてきました。それでこちらは「大学にも通信制があるので焦らずにやってください」と言っておきました。(No. 4)
		→ 相談者の抱える問題状況に対する具体的解決に向けた提言をすることで，状況が変化していったことが示されている。

自発表現 ⇔レス	共に頑張る	せっかくサイトという中で，悩みを吐き出せる相手を見つけられたのなら，そこからお互いに励まし合う事も出来るのではないかと思います。(No. 6)	
		→ 書き込み合いという相互行為の中から，お互いに励まし合いながら頑張っていく様子が示されている。	

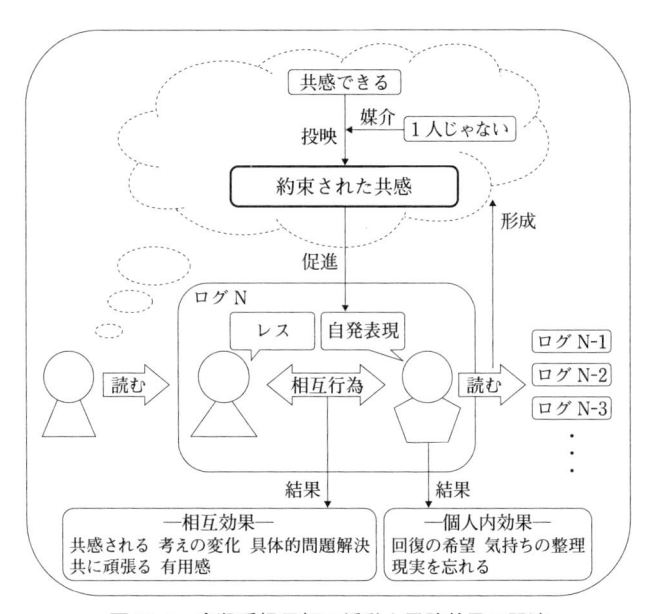

図 10-1 自殺系掲示板の活動と予防効果の関連

10-4 総合考察

　自殺とインターネットに関する先行研究および本研究第8章では，自殺予防を目的としたオンライン相互援助グループの影響という観点から研究が行われており，その影響が生じるメカニズムに関する研究は行われてこなかった。これに対し本章では，オンライン相互援助グループの持つ自殺予防効果に焦点を絞り，その効果の生じるメカニズムを明らかにした。以下では，そのメカニズムについての考察をしていく。

2つの癒しのモデル

1つ目の効果である【相互効果】は，利用者が相互に書き込みを行うことで相談活動を行うモデルである。ここでは，利用者は書き込みによる相談をすることによって，【共感される】という経験をし，自らの物語を変化させていく。その中で，【考えの変化】や【具体的問題解決】が起こることもある。さらに，相談に乗った側には【有用感】が生じ，共感し合った者同士が【共に頑張る】ことで現実を克服していくといったことも起こる。オンライン自助グループのメリットについては，①ソーシャル・サポート源，②実用情報の入手，③経験の共有，④役割モデルの取得，⑤ヘルパーセラピー，⑥励み，⑦専門的サポート，⑧コミュニティとのつながり，⑨支持的な取り組み，の9点が指摘されているが（White & Madara, 2000），【相互効果】において見出された効果はこれらと大きく一致するものである。そこで，以下ではこのような癒しの構造を双方向セルフヘルプモデルと呼ぶ。

2つ目の効果である【個人内効果】は，利用者が自らの【読む行為】あるいは【自発表現】といった行動によって得られる効果のことである。利用者はサイトにアクセスをした後に，まずは過去ログを読むという行動をすることになる。それにより，自らの苦況と同じ状況に置かれた人々や，自らの感情と同じ感情を持つ人々の存在を知り，【共感できる】【1人ではない】といった感情を抱くようになっていく。さらに，【共感できる】という思いは他の利用者に対して投影され，自分が他の人の苦境に対して共感するように，他の人々も自分の苦しさに対して共感してくれるだろうと想像することで【約束された共感】という感覚は生まれる。これらの過程によって利用者の抱える孤独が癒され，自殺念慮の減少という正の効果が生じると考えられる。東（2001）はポストモダンにおける人間が，生きる意味への渇望を社交性を通じては満たすことができず，動物的な欲求に還元することで孤独に満たしていることを指摘しているが，【個人内効果】の範囲において，利用者はそれと同様に他者とのやり取りなしに自己肯定感の欠乏を充足している。このような癒しのモデルを本研究では共感の自販機モデルと呼ぶことにする。これは，本モデルのもっとも大きな利点が【約束された共感】であること，自らの欲求を孤独に，社交性なしに満たしている点，自らとは関係のないとこ

ろで自動的に商品（掲示板上のやり取り）が補充されていく点，掲示板上には様々な物語が用意されており，利用者は自らの好きなものを好きなだけ安価に獲得できるという点を考慮して名づけた結果である．

コア・カテゴリ

　双方向セルフヘルプモデルとは利用者間の相互的な書き込みによって相談を中心とした活動を行うことであるが，このモデルは単独では機能しない．自殺関連サイトの利用者は特に対人関係上の問題で悩むことが多く，コミュニケーションに対しアンビバレントな思いを抱いている．こうした相談への障壁を乗り越え，自助グループ活動を促進するためには，【約束された共感】が共有され，相談への恐怖感が払拭される必要がある．また，共感の自販機モデルについてであるが，これは利用者が過去ログを読むことで各々が孤独感を癒し，【約束された共感】を得ていく過程である．この感覚はそれ単独で共感と同様の機能を果たし自殺念慮の減少に寄与するが，こちらもこのモデル単独では機能しない．その原因は，他者の存在のリアリティがどのように形成されていくかという点にある．掲示板を介したコミュニケーションでは非言語情報が伝達されないため，掲示板にアクセスしている人が複数いたとしても，それは読んでいる者同士にはわからない．そのため，他者の存在を感じ【約束された共感】という効果を得るためには可視化されたやり取りの頻繁な更新が必要となってくる．

　双方向セルフヘルプモデルでは，コミュニケーションの前提となるサイトの雰囲気を形成するために，利用者が【約束された共感】を有する必要があるが，この感覚は共感の自販機モデルによって形成される．また，共感の自販機モデルでは【約束された共感】を与えてくれる他者のリアリティが頻繁に更新されていくログによって形成されるが，これは双方向セルフヘルプモデルによって提供される．このように，各モデルは単独では存在することができないものの，【約束された共感】という感覚によって結び付けられることにより，相補的に機能することができる．このことから本研究では【約束された共感】をコア・カテゴリとした．

　なお，GT法においては，コア・カテゴリを中心としたモデルの再編を行

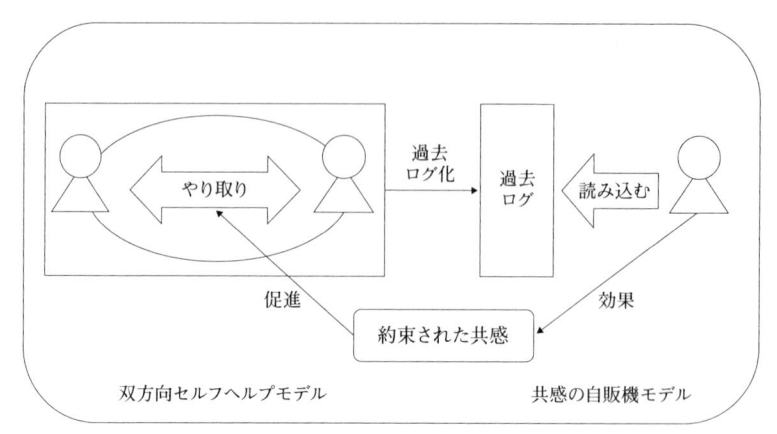

図 10-2 【約束された共感】の機能と自殺系掲示板の効果の循環的プロセス

うが，結果を網羅的に表現した図 10-1 においてはコア・カテゴリの役割がわかりにくいため，図 10-2 を改めて作成し，【約束された共感】の役割を明確に表現した。

　本モデルは自殺関連サイト利用者の声のみから生成されたものの，サイトの機能の仕方に関しては自殺というテーマに限定されたものではなくなっている。近年，社会面の整備によってネット心中の規制が図られるに伴い，いわゆる自殺関連サイトとメンタルヘルス系と呼ばれる 1 群のサイトとの境界は曖昧になってきているが，これらの 2 つの癒しのメカニズムは，自殺関連サイトにおいてのみ適用されるものではなく，メンタルヘルス関連の自助グループ活動をしているサイト全般を理解する上で重要な枠組みを提供していると考えられる。

本研究の限界と課題

　まず，方法論上の問題から生じた限界を指摘する。本研究では連絡のつく掲示板の利用者に対して電子メールを利用して対話をすることによりデータを取得するという研究方法をとった。自殺関連サイトの利用経験率は国民全体から見れば低いが（Aiba, Matsui, Kikkawa, et al., 2011），本研究の調査手続きはこうした特異な現象である自殺関連サイト上の掲示板でのコミュニケーションに参加する者へ効率的に調査のためのアポイントを取るために採用さ

れた。しかしながら，こうした研究方法を採用したことにより調査協力者には下記のような偏りが生じたと考えられる。

　まず，本研究の調査協力者は自殺念慮がそれほど強くなく，電子掲示板上に自らのＥメールアドレスを提示するなどコミュニケーションへの意欲や能力に長けた者に偏っている可能性がある。さらに，SNS内の掲示板のサンプリングにおいては，掲示板の閲覧やトピックの作成に管理者が制限を加えていない自由度の高い掲示板の利用者を選定したため，利用者は掲示板上での感情的な論争や意図的な嫌がらせ等への対処に慣れたメディア・リテラシーの高い者が多くなったと推察される。以上のサンプリング・バイアスを考慮すると，本研究で得られた知見は，インターネットを通じて匿名他者と交流する能力・意欲が低く，閲覧を中心とした利用をしている者の意見を反映できていない可能性がある。

　このようなバイアスに加え，本研究では調査協力者の年齢が不明なため，自殺関連サイト利用の利点と利用者の年齢との関連が不明確となっている。未成年の利用者は成人の利用者に比べて自殺の危険性の高い利用方法（例えば，効果的な自殺方法を探す）を検索するといった年齢の影響を示唆する研究知見が第7章で示唆されていることを考慮すると，今後は，利用者の年齢と自殺関連サイト利用の問題点との関連についても詳細な検討をする必要がある。

　さらに，本調査では調査協力者と突然連絡が取れなくなり，調査の継続を断念せざるを得なくなるといったことも研究過程では生じることとなった。こうした点により，調査協力者から十全にデータの収集が行えなかった可能性が存在する。なお，メール調査特有の問題点については，この問題に焦点をあてたレビュー（Hunt & McHale, 2007）を参照されたい。このような突然の調査の中断の原因の一部は利用者のメンタルヘルスの問題にあると考えられる。利用者の多くは多大なストレスを抱えていると推察されるが，今後は，継続的な調査とケアを同時に進める方法を検討していく必要がある。具体的には，これまでの自殺関連サイトに関する研究で指摘された利用者間コミュニケーションの利点を基礎としたウェブコミュニティへの介入あるいはコミュニティそのものの提供を通じたアクション・リサーチ（渡辺，2000）が挙

げられる。

　次に，内容面に関する課題を4点指摘する。第1に，本研究は自殺関連サイトの持つ援助資源としての現時点での機能を明らかにしたが，こうした活動は自殺予防に向けて可能な活動の一部に過ぎない。今後は，他の援助資源（例えば，医療機関や電話相談）との比較を行うことで，インターネットを，あるいは掲示板を利用することの利点や意味を利用者の視点から明らかにし，インターネットにおける適切な自殺予防の形を模索する必要がある。第2に，インターネット上で自殺念慮を有する者が自助グループ活動を行うことの特異性を明らかにすることは重要だと思われる。こうした点は，対面式の自助グループとの比較，そして他の問題を抱えるインターネット・自助グループとの比較によって可能になると考えられる。第3に，利用者の縦断的な変化についても検討する必要がある。第8章では，掲示板利用者137名に対しオンライン質問紙調査を行い，サイトの利用動機によって利用者を「援助」「目的不明確」「自助グループ」「相談・自殺念慮高」の4群に分けている。これらの利用者はそれぞれサイト利用により自殺念慮を減少させているが，「援助」群は自助グループ活動における聞き役を，「相談・自殺念慮高」が相談役を，「自助グループ」群は両方を行い双方向セルフヘルプモデルの癒しをそれぞれ享受している。また，「目的不明確」群はコミュニケーション相手を必要としない共感の自販機モデルによって自殺念慮を減少させていると考えられる。このように，各利用者がある時点において必要とする癒しのモデルは様々であるが，利用者タイプおよび自殺関連サイト上での役割は縦断的に変化をしていく可能性を持っている。こうした点を検討することは，利用者を長期的にフォローアップしていく際に重要な点であると考えられる。最後に，予防的活動をする上での障害や，自助グループ的・コミュニティ的性格を持つが故に生じる自殺関連サイトの負の面については，本研究の中では扱うことはできなかった。そこで，この点について第4部で検討する。

第 4 部
オンライン相互援助グループの問題点

第11章
自殺系掲示板の問題点:利用者調査 [研究7]

11-1 問題・目的——掲示板利用の問題点は?

　第3部では,まず,自殺予防を目的としたオンライン相互援助グループの影響を量的研究によって検討した。その結果,こうした取り組みには自殺予防効果がある可能性が示唆され,その効果を生みだす中心は利用者間の共感的なコミュニケーションであると考えられた。こうした知見は,先行研究(Eichenberg, 2008; Fiedler, 2003; Mehlum, 2000)において指摘されていた自殺関連サイトの自殺予防効果を実証した点に意味があったと考えられる。さらに前章では,相談という観点のみならずより包括的な視点からこうした活動の持つ自殺予防のメカニズムを検討した。その結果,これまでに見られた相談を中心とする自助グループ活動としての癒しの効果に加えて,過去ログを読むことによって生じる予期共感(例えば,自分は相談をすれば,おそらく共感をしてもらえるだろう)がコミュニティ成員間の直接的な相互作用を介さずとも生じ,これによって自殺念慮が減少するというもう1つの癒しのメカニズムが見出された。これらの研究を通じ,インターネットを活用した自殺の危険の高い者の自助グループ活動において,自殺予防効果が創出可能であることが示唆された。

　しかしながら,実際にこうしたウェブサイトを介してネット心中が生じていることも事実である。つまり,利用者間コミュニケーションを通じた自助グループ活動においても自殺予防効果は創出可能であるものの,ネット心中等の問題が生じる可能性はゼロではない。自殺が不可逆的な現象であることを考慮すれば,コミュニティの運営にはより慎重な検討が必要だと考えられる。

　そこで,本研究ではコミュニケーションの効果の有無の検討だけではなく,

どのようにすればより良いコミュニケーション空間を構築し，希死念慮や自殺念慮を抱いた利用者間のコミュニケーションを自殺予防に結び付けることができるのかという視点から研究を実施する。具体的には，利用者に対する調査を通じて自殺予防を目的として運営されている自殺関連サイト上でのコミュニケーションに関する問題点を明らかにし，インターネットを利用した自殺予防活動の一形態である利用者間の自助グループ活動をより効果的に行うために必要なことについて考察を行うことを目的とした調査を実施した。これは，既存の自殺関連サイトの問題点を指摘する研究の多くが，実際に起こったネット心中等の事件を対象としてその問題点やメカニズムを研究者が考察するタイプのものであり，実際の利用者の声を反映したものとなっていないからである。

11-2　方　法

質的研究法の採用

　自殺関連サイトの問題点に関する先行研究は実際に生じたセンセーショナルな事件を取り上げたものが大半を占めており，利用者の声を元に自殺予防効果を生み出す上での問題点について論じたものはない。このように有効な既存の理論が見つからない領域においてボトムアップ式に理論を構築する場合には特に質的研究法が有効だという指摘がある（能智，2000）。そのため，本研究では質的研究法を採用した。具体的な方法論としては，質的研究法の中でもグラウンデッド・セオリー・アプローチ（以下，GT 法）（Strauss & Corbin, 1998）に準じた。それはこの方法が，質的研究法の中でも手順などの方法論が整っていること，社会的相互作用に関係した人間行動の説明と予測に有効であり（木下，2003），利用者間の双方向的やり取りが可能である掲示板というメディア上での行動とその問題点を研究する際に有用だと考えられたためである。

研究の枠組み

　本章の研究では理論的サンプリングに基づいてデータ収集を行った。それ

はこの方法が概念の精緻化を助けるだけでなく，データ解釈の妥当性を逐次的にチェックすることに役立つからである。データの収集と分析を並行して行うGT法においては，理論的サンプリングによって新たなデータを収集し，分析をした後にその結果を踏まえてまた新たなデータを収集する継続的比較の過程を繰り返す。このデータ収集と分析の1セットをステップと呼ぶことにすると，本研究は全体で5つのステップから成り立っていることになる。各ステップは4名程度の人数で構成されている。

　ステップ1では検索上位の掲示板の利用者に対して調査を行った。ステップ2では掲示板の種類を拡大し，様々な掲示板で調査協力依頼を行った。ここまでで，本研究における基礎的なカテゴリを生成した。さらに，ステップ3ではSNSの自殺関連サイトの利用者に対して調査を行い，カテゴリを精緻化した。最後に，ステップ4・5では，それまでに作られたカテゴリをより広範な人にあてはめることができるかの確認が行われた。ステップ5が終了した時点で理論的飽和に達したと判断して分析を終了した。

調査の手続き

　第8章の予備調査で見出された自殺予防目的で運営されている電子掲示板17件の中で掲示板上にメールアドレスの表示があり利用者に連絡可能な掲示板10件を調査対象とした。さらに，第10章の調査で対象となった国内最大手SNSの自殺関連コミュニティ3件を調査対象に加えた。利用者に関しては，これら13の掲示板から連絡可能なものに対しランダムに調査依頼のメールを送り，承諾の返信のあった全ての者に対して調査を行った。なお，運営目的を確認するための閲覧作業は行ったものの，調査対象となったいずれの掲示板についても著者は参加していなかった。利用者に関しては，これら13の掲示板から連絡可能なものに対し最新の書き込みを行っている者から順に調査依頼のメールを送り，承諾の返信のあった全ての者に対して調査を行った。その結果，本研究の調査協力者は最終的に22名となった（表11-1参照）。

　データ収集は，上記の方法で選定された調査協力者に対し著者自身がメールによる調査を半構造化面接の手法を援用しながら行った。1人あたりの全

表 11-1　調査協力者の概要と選択基準

ステップ	No	性別	選択基準	目的
1	1	女	検索上位の掲示板	基礎的カテゴリの生成
	2	女		
	3	男		
	4	男		
	5	女		
2	6	女	掲示板の種類の拡大	
	7	女		
	8	女		
	9	男		
3	10	女	SNS 内へ調査範囲を拡大	カテゴリの精緻化
	11	女		
	12	女		
	13	女		
	14	女		
4	15	男	掲示板の種類の追加	カテゴリの確認
	16	男		
	17	男		
	18	女		
5	19	女	SNS 利用者の追加	
	20	女		
	21	女		
	22	男		

受信メールにおけるやり取り文字数の平均は約 7000 字であった。

　調査時に伝えた説明事項，ラポールの形成方法，倫理的配慮については前章と同様である。

分析の手続き

　データ分析の手続きは，前章と同様である。なお，分析に際しては利用者が現在感じている問題点と過去に感じた問題点を分けずに分析した。これは，本研究の主要な目的が，先行研究がない中で利用者が感じる問題点を横断的な視点から抽出することにあり，縦断的な視点から利用者が感じる問題点の変化を検討することではないからである。

表 11-2　ステップ 1 で生成されたカテゴリ

CG	カテゴリ	下位カテゴリ
活動結果に関する問題	自己価値の狭小化	
	相談の食い違い	望む援助が得られない
		相談を役立てられない
	自殺念慮の高まり	
援助要請コスト	相談活動への非難	
	コミュニティの閉鎖性	
	不適格な被相談者	
援助コスト	相談者を傷つける可能性	
	相談継続への義務感	
	相談内容の非具体性	

11-3　研究過程と結果

ステップ 1

目　的　既存の理論がない中で，利用者の感じる掲示板の問題点について理解するための足がかりを作成する。

調査協力者　検索により得られた掲示板10件のうち検索上位3件を利用した。各サイトの掲示板上に個人用メールアドレスを表示している者に対して，最新のものから順に調査依頼のメールを送信し，4名からの承諾を得ることを目安に依頼作業を続けた。その結果，最終的には5名からの承諾の返信があり全員に対して調査を行った。

調査項目　以下の質問項目を用いた。
- 自殺関連サイト上の掲示板の持つ問題点はどのようなものだと思いますか。
- 掲示板を利用している際に困ったり，不快に感じたことはどのようなことでしたか。
- 掲示板を利用する際に気をつけていたことは何でしたか。
- 掲示板をより良く活用していくために必要なことは何だと思いますか。

分析方法　切片化されたデータに対し考えうるだけのコードをつけた。そ

して，そのコードを利用し似たものをまとめてカテゴリの生成を行った。カテゴリの生成が進んでからは，さらにカテゴリ同士を見比べながら関連付けることでCGを生成した。

　結　果　得られたCG・カテゴリを表11-2にまとめた。なお，各カテゴリに分類された発言例は表11-4に全ステップの分をまとめて記載した。

　考　察　ステップ1を終えてCGとしては，【活動結果に関する問題】【援助要請コスト】【援助コスト】の3つが得られた。これらのCGからは，利用者の感じる掲示板の問題は，【援助要請コスト】【援助コスト】といった相談の生起過程に関するものと，【活動結果に関する問題】といった相談の結果に関するものがあると考えられた。

ステップ2

　目　的　ステップ1の結果を生かしながら，利用者の感じる掲示板の問題点について理解するための基礎的カテゴリを生成する。

　調査協力者　ステップ2では対象となる掲示板の範囲を拡大し，検索4-7位の4つの掲示板の利用者に調査の依頼を行った。依頼方法はステップ1と同様であり，最終的に4名からの承諾を得た。

　調査項目　ステップ1と同様。

　分析方法　まず，切片化したデータに対しそれ以前に生成されたカテゴリを割り振ることを行い，それ以前に生成されたカテゴリによる新規データの説明を試みた。そして，作成済みのカテゴリで説明し切れないデータを用いて新たなカテゴリの生成やカテゴリの再検討を行った。

　結　果　得られたCG・カテゴリは表11-3を，発言例は表11-4を参照されたい。

　考　察　ステップ2ではCGの再編，3つの新規カテゴリ（【非当事者に関する問題】【相談の途切れやすさ】【情報伝達の困難さ】）の生成，【自殺念慮の高まり】と【相談の食い違い】の下位カテゴリの追加が行われた。以下では，既存のカテゴリの再編を伴う2つの変更点について考察を行う。

　まず，CGの再編についてであるが，【掲示板への依存】というカテゴリが作成されたことを機に，ステップ1で【活動結果に関する問題】としてま

表11-3 最終的に生成されたカテゴリ

CG	カテゴリ	下位カテゴリ
成功した相談の問題点	**自殺関連事象への慣れ**	
	掲示板への依存	一時的な慰め
		自殺関連事象の同一化
		時間の浪費
		金銭の浪費
相談の失敗	自殺念慮の高まり	居場所のなさ
		絶望感
		自責感
	相談の食い違い	望む援助が得られない
		非難・非共感
		相談を役立てられない
	相談にのってもらえない	
	非当事者に関する問題	相談活動への非難
		非当事者間の論争
援助要請コスト	コミュニティの閉鎖性	
	相談の途切れやすさ	
	情報伝達の困難さ	
	不適格な被相談者	
援助コスト	相談者を傷つける可能性	
	相談継続への義務感	
	相談内容の非具体性	

ゴシックはステップ3で作成されたカテゴリ，それ以外はステップ2以前に作成されたカテゴリ。なお，ステップ2では，【成功した相談の問題点】の下に【自己価値の狭小化】というカテゴリがあったが，ステップ3にて【自殺関連事象への慣れ】・【自殺関連事象の同一化】へと発展的に解消された。

とめていたカテゴリを，【成功した相談の問題点】と【相談の失敗】に分割した。ステップ2においては，相談者が相談を書き込み，自身が望むような返信を得ることによって一時的に気分を改善させる（【一時的な慰め】）ことが掲示板への頻繁なアクセスにつながり，【時間の浪費】を引き起こすというメカニズムが確認された。掲示板の長時間利用のメカニズムはアルコール

表 11-4　最終的に生成されたカテゴリの定義と代表的データ

カテゴリ	カテゴリの定義（上段）と発言例の引用（下段）
自殺関連事象への慣れ	自殺・自殺未遂・自傷といった事柄が特別なことであると思わなくなり，自殺実行への抵抗感が減少すること
	自殺サイトで見た文章や画像から「やっぱり前向きに生きていこう」とは思いませんし，大した理由もないままに自殺や犯罪を肯定して，死にたい気持ちを強めました（【自己価値の狭小化】，No. 1）。私が中学時代を死にたがって過ごしたのは自殺サイトの影響だったと思います。本気で死にたいわけではないのに自殺サイトに行って，自殺をリアルな選択肢の 1 つに加えてしまう人は私以外にもいるのではないでしょうか（No. 1）。独りじゃない，みんな死にたいんだ，と他の書き込みを見てそう思ってしまうことがあります（No. 11）。同じ自殺志願者の言葉に影響されて実行的になってしまっていることもあるので，それは悪い影響だと思います（No. 15）。
掲示板への依存	掲示板を通じたコミュニケーションによって一時的に自殺念慮が減少するため，掲示板へ過度にアクセスするようになり，その結果として様々な弊害を受けること
	部活前も見てたし，終わった後も見てたし，夜が 1 番見てた気がする，わからないけど。でも返事まだかなって凄くチェック＝しょっちゅう見てた気がする。本当の自分がどっか行ってたのは確かかも（No. 8）。一番の問題点は依存です。解消されない不安・悩みから同じ仲間を作ろうといろんなコミュニティに書き込み同じような人，または悩みを聞いてくれる人を募集し，最終的に依存状態になります（No. 13）。気分が和らいだとしても，一時的なものでしょうね（【一時的な慰め】，No. 7）。自殺願望を持った人たちのコミュニティで居心地のよさを感じるなら，自らも自殺願望を持っているという状態を維持しなければなりません。その中で，より深いつながりを求めるなら，より深い傷や絶望が必要になってくるのではないでしょうか（【自殺関連事象の同一化】，No. 10）。この様なサイトに依存する事で，現実世界に馴染みにくくなる点ですかね。それが一番怖いことだと思います（【自殺関連事象の同一化】，No. 17）。正直，読んでる時間が足りません（【時間の浪費】，No. 4）。当時，パケ放［定額料金接続サービス］などありませんでしたので，月々の利用料が 10 万になることもありました（【金銭の浪費】，No. 10）。
自殺念慮の高まり	死にたい気持ちが強くなること
	人によってはその言葉により「理解されない」と悲観してリストカットをしてしまったり，自殺願望が強まったりしてしまうかもしれません（No. 15）。何処にも結局は居場所なんて無いことを確認しています（【居場所のなさ】，No. 22）。似たような症状で悩んでいる人でさえ，やっぱりちょっとしたニュアンスが違ってくると何だか急に距離をおかれたりもしますが，

		そうすると絶望的な気分になります（【絶望感】, No. 6）。それが本当なのかどうなのかを確認する術がないので，結局自分を責めることになります（【自責感】, No. 7）。
相談の食い違い	相談者が望む通りの返信を得られないこと	
		本当に自分勝手なことなのかもしれませんが，自分に都合の悪い返信は欲しくないですね。些細な言動で学校に行けなくなるほど傷つきますから（【望む援助が得られない】, No. 20）。相談する側に対する見下したような内容や優越感に浸ったような内容，ひどい場合は中傷・誹謗もあります（【非難・非共感】, No. 7）。自殺どうこうの質問をすると，「釣りだ」と叩かれたり，意見が合わない人から中傷されることがあります（【非難・非共感】, No. 21）。親切なレスも大半を無駄にしてしまいました（【相談を役立てられない】, No. 1）。相談をしても生かすことができず，相手に迷惑をかけることにしかならないとも思いました（【相談を役立てられない】, No. 7）。
相談にのってもらえない	相談者の書き込みに対して返信がなされないこと	
		誰かにかまってほしい時は，レスがないと多少がっかりします（No. 12）。私の書き込みがスルーされると酷く落ち込みました（No. 14）。掲示板なんかは特に返信がないとすごい寂しいでしょうね，私は（No. 20）。
非当事者に関する問題	相談の当事者以外が起こす問題が，相談当事者に心理的な悪影響を与えること	
		他の人の相談にのったりしていましたが，他のヤツが私の書き込みを理由もなく否定するので，イヤになってもうやめました（【相談活動への非難】, No. 3）。自分が立てたスレで第三者どうしが争いはじめたり……他の人が自分の書き込みが発端で争ったりするのは，本当に心を痛めます（【非当事者間の論争】, No. 6）。
コミュニティの閉鎖性	掲示板のルールに従うことや他の利用者達の関係性の中に入っていくことについて，新規参加者が困難さを感じること	
		一定の方だけが話しを進め，自分は何せ中学生ですから，あんまり話しにも入っていけなかったです（No. 2）。居場所を求めて孤独な人たちの中に来たのに，そこにもコミュニティがあり，そこでまた必死に居場所を求めるのにも疲れました（No. 10）。あそこは礼儀とかルールとか色々必要なようですし，一人の誰かの叫びには色々な意見もあって……なんというか，私自身も疲れてしまいました（No. 20）。
相談の途切れやすさ	相談を開始したものの，被相談者と連絡がつかなくなること	
		たまに共感した人とやり取りしているなかで，相手側が病状が悪化して，突然メールが途絶える事があります（No. 6）。共感して暫く続いたメールが突然わけが分からず途絶える事や，良いことばかりではないですね（No. 19）。

情報伝達の困難さ	非言語的な情報が利用できない非同期的なコミュニケーション環境を利用するため，相談時に伝えたい内容を伝えられなくなる，あるいは汲み取れなくなること
	相手の顔や表情を確認できないことから，文面の取り違いや誤解を生む結果になります（No. 7）。たとえ文字だけであれ……逆に文字だけだからなのか。気持ちは伝わりづらいです（No. 18）。
不適格な被相談者	相談者を騙し，物販・宗教の勧誘・売買春などを行う者がいること。また，他の利用者への嫌がらせや無責任な相談を行う者がいること
	死にたいという相談をしましたが，自称・精神科医，臨床心理士なども，今考えれば甚だ怪しく，非常に繊細な問題で本当の資格を持った方とのやりとりすら危険なのに，無責任なサイトも多くあり，回答に酷く傷ついて一際酷い自傷行為のきっかけになったのを覚えています（No. 10）。相手を信用できるだけの何かがあると良いと思います（No. 16）。相手の素性もはっきりとわからないってこともありますし，自殺やリスカ［リストカット］のサイトなのにセフレや売春などの宣伝をしにくる人がたまにいます（No. 5）。
相談者を傷つける可能性	相談者への返信が相談者を傷つける可能性を考えること
	志が低いですが，せめてマイナスにならないようにと思って，意図したのと別の読み取り方をされない書き方かどうか，重圧だったり不快だったりする言葉を入れていないかと気にしていました（No. 1）。あのサイトに行く人は繊細な人が多いのと，リアルな世界では自分をなかなかさらけだせなかったりもするので，レス入れる時は相当緊張します（No. 6）。
相談継続への義務感	相談者へ一度返信をしたら，その後も返信をし続けないといけないと思うこと
	レスを書くのに結構時間を使っていました。理解できない部分もありますし，傷つけたり不快な思いをさせたりしないようにと気を遣いますし，一度レスを書いたらそのスレを追わなきゃいけませんし（No. 1）。今の私の考えは，いい加減な考えかもしれませんが深追いをしないで接しているのが現状です（No. 17）。自分の書き込みに頻繁にコメントを貰えるのは嬉しいんですけど，そうしたらその分，自分も相手の書き込みを読んで，コメント考えなきゃいけないじゃないですか。しかしそれが非常に面倒なのです（No. 20）。
相談内容の非具体性	相談の書き込みが短く抽象的であるため，返信が困難だと感じること
	あと気になったのが，コメント一言二言のスレッド。こちらも書き様が見いだせなくて，コメント書くことができなかったのを覚えています（No. 4）。自分にしか理解できない，説明不足の内容や非常に感情的で混乱した文面にも困りました（No. 7）。

表中の【　】は当該カテゴリに含まれる下位カテゴリの種類を，(No. X) は発言者を表している。また，ステップ2までに存在した【自己価値の狭小化】に分類されたデータの例は，【自殺関連事象への慣れ】内の発言例を参照。

を代表とする各種の依存症の深刻化プロセスと一致すると考えられたこと（例えば，稲富，1992），インターネット依存に関する7つの心理状態の1つとして「肯定的メリット」と「日常生活・身体的悪影響」が見出されていること（鄭，2007）を考慮し，これらのメカニズムを【掲示板への依存】と名付けた。また，こうした依存の状態は，相談者が自身の望む返信を得られず（【相談の食い違い】），その結果として気分を悪化させる状態（【自殺念慮の高まり】）とは異なるものだと考えられたため，相談者が望む返信を得られた場合に起こる問題（【成功した相談の問題点】）と望む返信を得られなかった場合に起こる問題（【相談の失敗】）でCGを分割することとした。

次に，カテゴリの再編であるが，自分が相談をはじめたものの，そのスレッドで相談とは関係ない論争が起こることがある（【非当事者間の論争】）という問題が指摘されたことから，ステップ1で作成された【相談活動への非難】と合わせ，【非当事者に関する問題】というカテゴリが作成された。さらに，このカテゴリは，【自殺念慮の高まり】【相談の食い違い】と共に【相談の失敗】の下に位置づけた。なお，ステップ2においては，【相談の食い違い】に伴う多様な心理的変化（【居場所のなさ】【絶望感】【自責感】）が語られたが，こうした心理状態は自殺者の心理状態（Shneidman, 1993; 高橋, 2007）として指摘されるものと一致するものと考えられたため，【自殺念慮の高まり】の下位カテゴリとされた。

ステップ3
目　的　利用者の属性を変えながら，カテゴリの精緻化を行う。
調査協力者　掲示板の種類を拡大し，SNS内の自殺関連サイトの掲示板を利用する人たちを対象とした。対象となった掲示板に書き込みをした者に対して，最新のものから順にSNSのメッセージ機能を用いて調査依頼を行った。4名からの承諾を得ることを目安に依頼作業を続けた結果，最終的には5名からの承諾の返信があり全員に対して調査を行った。
調査項目・分析方法　ステップ2と同様。
結　果　得られたCG・カテゴリは表11-3を，発言例は表11-4を参照されたい。

考　察　ステップ3では【相談にのってもらえない】という新規カテゴリの作成に加え，【成功した相談の問題点】内でのカテゴリの再編が行われた。以下では，この再編に関する考察を行う。

　ステップ3では，ステップ2まで存在した【自己価値の狭小化】が【自殺関連事象への慣れ】と【自殺関連事象の同一化】へと発展的に解消され，後者は，【掲示板への依存】の下位カテゴリとして位置づけられた。この変更は，調査協力者（No. 10）の「そこに居心地の良さを求めるならば，進むベクトルは現実とは逆になります。より傷の深い人がそこではちやほやされるのです。ですから，自傷で言えばひっかいた人よりカッターの人の方が，傷はバンドエイドより包帯の人の方が人気になります。…（中略）…現実を捨てようという人たちの集まりの中で，同様に現実を捨てたという話はコミュニティの仲間として受け入れられますが，今日こんないいことがあった，生きる希望がわいてきたという人はコミュニティから外れていくことになります。自殺願望を持った人たちのコミュニティに居心地の良さを感じるなら，自らも自殺願望を持っているという状態を維持しなければなりません。その中でより深いつながりを求めるなら，より深い傷や絶望が必要になってくるのではないでしょうか」という発言を機に行われた。ここでは，掲示板のメンバーから受け入れられ【一時的な慰め】を得るためには，メンバー間の共通性を維持するとともに，他のメンバーの注意を自らに惹きつける必要があることが示されている。そして，自殺を軸として集合したコミュニティである自殺関連サイト上の掲示板においては，メンバー間の共通点は自傷などを含む自殺関連事象となるため，そうした問題から離れることができなくなる。また，離れることができなくなるだけではなく，他者からの注目を得るために，相談する内容は過激なものへとなっていくことが示されている。

　既存のカテゴリである【自己価値の狭小化】には，掲示板の利用によって自殺に親和的な特定の価値観が身につくということを含意していたものの，こうした価値観が掲示板利用者間の凝集性を高め，孤独感の減少などといった【一時的な慰め】を生み出すという意味が含まれていなかったことから，【自殺関連事象の同一化】というカテゴリへと名称を変更した。さらに，【自己価値の狭小化】に含まれるステップ1・2のデータを再度分析したところ，

「背景に使われるグロテスクな画像に慣れてしまう（No. 1）」などといった上述のカテゴリに分類できない指摘が多数存在したことから，【自殺関連事象への慣れ】というカテゴリを生成し，【成功した相談の問題点】の下に位置づけた。

ステップ4・5

目　的　これまでのステップで生成されたカテゴリの機能を確認・検証する。

調査協力者　ステップ4では対象となる掲示板の範囲を拡大し，検索8〜10位の3つのサイトの利用者に調査の依頼を行った。ステップ5ではステップ3と同様の方法で依頼を行った。4名の承諾を目安に依頼を繰り返したところ，最終的にステップ4では4名，ステップ5でも4名の承諾を得た。

面接項目・分析方法　ステップ3と同様。

結果と考察　分析の結果，ステップ4と5では特にカテゴリの変更の必要性は認められなかった。連続した2ステップでカテゴリの変更を必要としなかったことからこの時点で理論的飽和に達したと判断し分析を終了した。本研究で最終的に得られたカテゴリは表11-3に，カテゴリの定義とその代表的データを表11-4に記した。

11-4　総合考察

本研究では，利用者間での相談活動によって自殺予防を行う掲示板の問題点について検討を行った。その結果，CGとしては，①【成功した相談の問題点】，②【相談の失敗】，③【援助要請コスト】，④【援助コスト】の4点が示唆された。また，①と②は相談活動の結果に関する問題であり，③と④は相談活動の生起に関する問題であると考えられた。生成されたカテゴリ間の関係を視覚化したものが図11-1である。以下では，これらの問題とその関係について考察を行う。

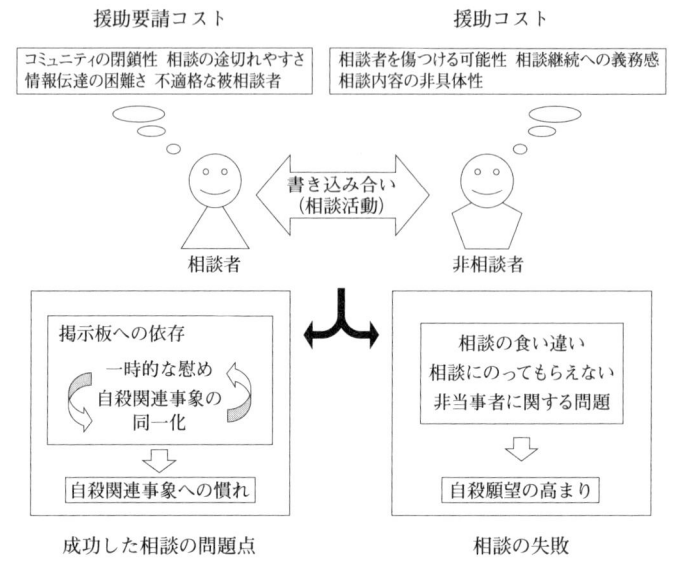

図11-1 自殺関連サイト上の掲示板の問題点に関するモデル

相談活動の結果に関する問題

　これまで様々な先行研究において自殺関連サイト上の掲示板において活発な相談活動が行われていることは示されている（Eichenberg, 2008; Miller & Gergen, 1998）。本研究では掲示板上での相談活動の問題点について調査を行い，相談者が望む返信を得られた場合，得られなかった場合のいずれにおいても問題が生じることが示唆された。

　【相談の失敗】は，相談した内容に対して誰も返信を行わない（【相談にのってもらえない】），返信された内容が相談者にとって役に立たない（【相談の食い違い】），相談活動そのものに対する冷やかしや批判の書き込みが行われる（【非当事者に関する問題】）といった問題が生じた結果として，相談者の死にたい気持ちが強くなる（【自殺念慮の高まり】）という状態を指す。相談者は掲示板へアクセスをする時点である程度の希死念慮を有していると考えられるが，【相談の失敗】によってさらに希死念慮が強くなった場合には，自殺方法やネット心中相手の検索（Becker, Mayer, Nagenborg, et al., 2004; Prior, 2004）といった先行研究でも指摘される問題行動を始める可能性があ

ると考えられる。

　また，相談の結果として相談者が望む返信が得られた場合（【成功した相談の問題点】）においても自殺を誘発する可能性が存在することが示唆された。その場合の問題の中心は【掲示板への依存】である。相談者は自身が望むような返信を得ることで【一時的な慰め】を得ることができるが，こうしたメリットを得るためにアクセスが頻繁になることで，【時間の浪費】や【金銭の浪費】といったデメリットが生じる。

　【掲示板への依存】に関する問題はこうした面だけにとどまらない。インターネットへの依存傾向のプロセスを調査した鄭・野島（2008）は，アルコールやギャンブルなどの依存プロセスでは見られない仮想的対人関係の要因が他の依存には見られないインターネット独自の問題であることを指摘している。この指摘と同様，本研究の結果として作成された【自殺関連事象の同一化】は自殺関連サイト上の掲示板においても対人関係が大きな意味を持っていることを示している。それはどういうことだろうか。

　前章では，利用者が他者の書き込み（相談内容）を読むことでお互いの類似性を確認し，他者からの共感可能性の見積もりを高め孤独感を低減する機能こそが予防効果の中心であると指摘した。こうした効果は確かに希死念慮を低減させる可能性を持っており，そのためには掲示板の他のメンバーと利用者自身とが同質である必要がある。調査協力者（No. 10）からは，「掲示板の利用は現実のコミュニケーションが上手くいかなかった際の代償行為としてはじまりますが，次第にそこそこが自分の居場所であると考えるようになります。掲示板上でのコミュニケーションと自殺関連行動が密接に結びつくことが利用者に快適な場所を提供しているならば，利用者はなおさらそれを手放すことができなくなるのではないでしょうか。本来代償行為であったはずの掲示板に存在し続けるために，自傷行為を続けなければならなくなるということです。死にたくなくなってしまえば，自殺志願者ではなくなり，コミュニティの輪から外されてしまいます」という語りが得られている。ここからは，メンバー間の共通点を利用しコミュニティの凝集性を高めることで孤独感を癒すことが可能ではあるものの，自殺関連行動から逃れることができない悪循環に嵌ってしまう可能性があると考えられる。

自助グループの機能を整理した野村（2006）は，自助グループが症状・依存を断つ機能と，居場所を提供し安心感を得る機能の2つの異なる機能を持っていることを示している。また，居場所の提供は，利用者が生き方を考え直す機会を得ることにつながり，最終的には症状や依存状態への治療効果を上げることができることも指摘している。この指摘を考慮すれば，掲示板が自助グループ的活動として機能し，居場所を提供し孤独感を癒す機能を持つことは大きな意味があると考えられる。しかしながら，希死念慮や自傷などが将来の既遂自殺の危険因子であるという指摘があることを考慮すれば（張, 2006; 松本, 2008），自殺関連事象を自らやコミュニティと強く結びつける状態（【自殺関連事象の同一化】）が恒常化することには弊害も大きいと考えられる。

　インターネット利用はストレスフルなライフイベントへの対処行動となっており（Leung, 2007），前章で得られた調査対象者の語りが示す通り自殺関連サイト上の掲示板は利用者にとっての居場所の機能を果たす可能性がある。しかし，本調査の結果からは，こうした一時的な利点が生じるが故に自殺関連事象を自らに同一化する状態が長引くという自殺関連サイトの非機能的側面が示唆された。それでは，この状態を解消しより効果的な自殺予防を行うためには，どうすれば良いのであろうか。

　以前から，インターネットを援助のための適切な社会資源として自殺対策に取り組む必要性は指摘されており，その際には，オンライン／オフライン双方の視点から検討する必要があると言われてきた（勝又・松本・木谷ら, 2009）。本研究で見られた【自殺関連事象の同一化】やそれを含む【掲示板への依存】を防ぐためには，自殺関連サイト上の掲示板が居場所や安心感を提供する機能を持つのみならず，孤独感を一時的に和らげた上で外部の援助資源との「つなぎ」として機能する必要があると考えられる。なぜならば，自殺関連サイトの利用者がオフラインで持つ援助資源は限られていることが想定されるからである。今後は，本研究で見られた長期的な影響としての【掲示板への依存】を防ぐためにも，必要に応じ自殺関連サイトとオフラインの援助資源をつなぎ，コミュニティによるセラピー効果と専門家との個人的な相談・受診によるセラピーの効果を統合可能なシステムを構築していく

必要があると考えられる。

相談活動の生起に関する問題

　上述のような相談の結果に関する問題に加え，本研究では相談活動の生起を抑制する要因についても明らかにされた。【コミュニティの閉鎖性】や【相談継続への義務感】という点は対面式の自助グループにおいても生じる可能性があると思われるが，この2点を除けば，これらの問題は主にCMCの特性によるものだと思われる。

　第3章ではCMC諸理論を概観したが，自殺関連サイトにおける掲示板でのコミュニケーションに影響を与える要因として，①匿名性，②非言語情報の減少，③類似性の高い集団形成機能，④非同期性，⑤メッセージの再利用可能性，の5点を挙げた。匿名性は被相談者の相談への無責任な態度を生むだけではなく（【相談の途切れやすさ】），売買春の宣伝や精神科関連の薬の売買（【不適格な被相談者】）などのために掲示板が利用される可能性を生みだしている。また，②非言語情報の減少は【情報伝達の困難さ】や相談内容が非具体的であるという印象（【相談内容の非具体性】）を被相談者にもたらし，相互の書き込みの内容が誤解を呼ぶことで【相談者を傷つける可能性】が生まれると考えられる。また，コミュニケーションが非同期的であるが故に一度生じた誤解を解消するには時間がかかるため，相談者を傷つけることへの恐怖は一層増大すると考えられる。

　次に，こうしたCMCの特性によって生じた【援助要請コスト】と自殺予防に関するオンライン・コミュニティの活用可能性の関連について考察する。これまでいくつかの研究から自殺念慮の高さは援助要請意図の低さと関連しているという結果が得られている（Carlton & Deane, 2000; Saunders, Resnick, Hoberman, et al., 1994）。第8章でも示したように，こうした現象の背景には自殺念慮が高まることにより援助要請の意思決定時に援助要請利益の見積もりが下がることが影響している可能性がある。そして，インターネットなどのメディアを利用することは地理的・経済的な問題を解消する，匿名性によってスティグマを軽減するといった形で，援助要請の意思決定時に援助要請のコストを低減するため，自殺念慮が高まった者の相談活動を促進する可能

性が指摘されてきた（Gilat & Shahar, 2007）。しかし，本研究ではCMCが相談の生起に関し抑制的な効果も持つ可能性が示された。ここからは，CMCを利用した自殺予防サービスを構築するのみではなく，多様なメディアの持つ利点と問題を明らかにした上で個々人に合ったメディア選択を可能にすることこそが総合的な自殺予防につながると考えられる。

　最後に，【援助コスト】とオンライン・コミュニティの効果的運営の関連について考察する。セルフヘルプ・グループに関する研究では，メンバーが援助者役割をとることによって自分自身の問題をよく理解できるようになったり，「自分も役に立っているのだ」という自尊感情を回復した結果として援助者が最もそのグループから恩恵を受ける現象が観察されており，この現象はヘルパーセラピー効果と呼ばれている（Gartner & Riessman, 1977）。また，メンタルヘルスに関するオンライン・コミュニティにおいても，同様の現象が見られることが指摘されている（Greidanu & Everall, 2010; White & Madara, 2000）。本研究では援助行動を利用者が行う際の障害として，【相談者を傷つける可能性】【相談継続への義務感】【相談内容の非具体性】の3点が挙げられた。これらは，成功した相談のモデリング，コミュニティ活動の活性化，利用規約等による相談投稿時に書き込む項目の取り決めによって解消できると思われる。しかしながら，掲示板への投稿内容に関する利用規約の設定（例えば，援助要請者が相談内容を具体的に書き込むよう管理者が指示する）は，援助コストを低減させるものの援助要請コストは増加させてしまう。つまり，援助行動の促進はヘルパーセラピー効果によって援助者のメンタルヘルスを改善する可能性を高めるが，援助行動を促進するために掲示板上での援助要請の内容に規定を設けると，援助要請の数自体が減少してしまうために援助の機会そのものが減少し，結果としてコミュニティ全体のセラピー効果を減少させる可能性がある。このような矛盾を考慮すれば，投稿（援助要請）に必要な書き込み内容の設定を行う際には，援助と援助要請のバランスを検討しコミュニティの機能そのものを最適化するポイントを検討する必要があると思われる。

限界／問題点と今後の展望

最後に，本研究の限界／問題点と今後の課題を述べる。

第1の問題は，利用者へのメール調査という方法論から生まれるバイアスについてである。この点については前章に詳述したので，そちらを参照されたい。

第2は，「自殺」をテーマとしたコミュニティの特異性についてより詳細に明らかにする必要があると考えられる点である。今後は，自殺関連サイト上の掲示板のみならず，メンタルヘルスの問題を中心とした自助グループサイトの利用者などについて調査・比較をすることで，ウェブを利用した自助グループ活動の難しさの共通点とともに，自殺に関する自助グループ活動の特異点が明らかになると考えられる。

第3は，「問題がある」状態を共通点とし凝集性を高めるコミュニティと，「問題がない」状態を目指すことを共通点とするコミュニティの差を明らかにする必要があるという点である。前者は本研究の結果が示すように一時的なメリットは得られるものの，悪循環に陥ってしまう可能性が存在する。自殺という不可逆的な現象を扱っていることを考慮すれば一時的なメリットを得ることも重要なことではあるものの，より良い自殺予防サービスの構築を目指すためには，「問題がある」状態を受け容れた後に，「問題がない」状態へと移行していく必要があると考えられる。掲示板利用の悪循環の指摘は多数あったものの，「辛い時には『一緒に我慢しよう』と言われ，私は本当にゆっくりとですが自傷の回数を減らしていく事ができました」（No. 5）というデータも得られており，「問題のない」状態を目指した自助グループ活動を発展させていくことも可能であると考えられる。以上のような点を検証していくことにより，インターネット・コミュニティを利用したより効果的な自殺予防活動を展開していくことは可能になると考えられる。

第12章
自殺系掲示板の問題点：管理者調査 [研究8]

12-1 問題・目的──管理者から見た問題点は？

　前章では，自殺予防を目的としたオンライン相互援助グループ利用者へメールによる調査を実施し，利用上の問題点に関する研究を行った。本章では，前章で扱うことが出来なかった管理者への調査を実施し，管理者が感じる掲示板の問題点およびその問題点を引き起こす要因について明らかにすることをその目的とした。

　第10章では掲示板の利点について利用者と管理者を同一研究内で分析対象としたが，問題点については前章（利用者）と本章（管理者）を分けて分析している。管理者は基本的に掲示板について，自殺予防という社会通念上良いことをしているという意識があるため，問題点については利用者と管理者の間に相違が生まれやすいと考えられる。そのため，利点については同時に分析したが，問題点については分けて分析を行ったというわけである。

12-2 方　法

調査協力者

　第8章の予備調査で見出された自殺予防目的で運営されている電子掲示板17件の中から連絡可能であった管理者9名を調査対象とした。さらに，第10章で調査対象となった国内最大手SNSの3つのコミュニティのうち2つのコミュニティにはそれぞれ副管理者が1名ずつ存在したため，管理者3名に副管理者2名を加えた5名を調査対象者とした。調査対象となった14名に対して依頼を行った結果，返信のあった者は3名のみであり，3名全員が調査に承諾した。調査に承諾した全ての人に対して調査を行った結果，本研

究の調査協力者は SNS 以外の管理者が 2 名（調査協力率 22.2％），SNS の副管理者が 1 名（調査協力率 20％）の計 3 名となった。以下では，これらの管理者と副管理者を合わせて管理者と呼ぶこととする。

調査方法

　研究デザインは質的研究法を選択した。本研究の目的は自殺関連サイト上でのコミュニケーションに関する問題点を管理者の視点から明らかにすることであるが，仮説検証型の量的研究に向かず，既存の研究や理論が見つからない場合には質的研究法が有効である（能智，2000）。データ収集は，上記の方法で選定された調査協力者に対し著者自身が半構造化面接の手法を援用してメールによる調査を行った。質問内容は，①運営動機，②コミュニティの歴史，③運営上の問題点，④生じたトラブルなどであった。1 人あたりの平均やり取り文字数は約 2 万 5000 字であった。

　調査時に伝えた説明事項，ラポールの形成方法，倫理的配慮については第 10 章と同様である。

分析の手続き

　データ分析は，得られたメールのやり取りから問題点に関するエピソードを抽出し，質的な記述を行った。これらの作業を通じ，掲示板において生じる可能性のある問題を明らかにした。

　続いて，これらの問題を引き起こす要因について検討するため，メールによるやり取りの内容を KJ 法により分析した。具体的には，まず，メールでのやり取りをローデータとし，文章の改行点に着目しながら意味の単位ごとに分解した。次に，それぞれの切片を掲示板で生じる問題点を引き起こす要因という視点から要約をした。要約した内容を切片ごとに紙片に記し，机の上に並べ，意味内容の類似性に従ってまとめていった。

　さらに，問題点を引き起こす要因と問題点との関連を検討した。具体的には，まとめられた各紙片の要約前の内容が管理者の語った問題エピソードの一場面に含まれているかどうかを検討した。なお，これらの作業は全て著者 1 人によって行われた。

12–3 結　果

以下では，研究協力者と管理業務の概要を記す。なお，個人やサイトを特定されないように，影響のない範囲で内容を改変している場合がある。

協力者と管理業務の概要

1) **大手自殺関連サイトを運営する管理者Aさん**　Aさんは，自らの自殺関連サイトを立ち上げる以前は，6年ほど他の自殺関連サイトを利用していた。Aさん自身も自殺念慮を有していた。しかし，そのサイトは管理者が運営業務を怠ったこともあり，利用者の苦情と荒らしが乱立する状態となった。サイトを正常な状態に戻すべく，プロバイダーに働きかけを行ったものの状況が改善されなかったことから，Aさんは利用者の居場所を確保するための応急処置として独自に自殺関連サイトを立ち上げた。そのような設立経緯のため当初はサイトの宣伝は特に行わなかったが，運営開始半年ほどしてから検索エンジン最適化を開始した。現在では自殺関連用語での検索で常に上位に表示される大手サイトとなっている。サイトには複数の掲示板に加え，チャットや心の病に関するページも存在する。

2) **SNSのコミュニティの副管理者Bさん**　Bさんは，自殺念慮を有したことを機にコミュニティに参加した。しばらくして参加しているコミュニティの管理者から副管理者の募集があったためそれに申し込んだ。コミュニティの管理をしたいという興味と，そのコミュニティの趣旨への共感が動機であった。「自殺をしたくなるほど辛いときにも生きるという感情も生じる」という管理者の書き込みへは強い共感を覚えたという。副管理者の主要な業務は，スレッドが荒れている場合の注意や文章の削除等である。コミュニティには負の感情を吐き出すことができるという意味があり，自らはそれを実務面で支えることが合っていると考えている。

3) **自殺系掲示板を運営する管理者Cさん**　Cさんは会社からの解雇など社会的不条理に直面したことから，自殺予防へと興味を持つようになり，とある自殺系掲示板において悩みの聞き役としての活動を始めた。しかし，その掲示板が諸事情により閉鎖されることになった。インターネットでの相談活動

に自殺予防の可能性を見出していたCさんは，それを機に自ら掲示板を設立した。そこには，それまで使われていた掲示板の常連が移動する先を作ることができればという願いも込められていた。管理者歴は6年目になり（調査時），現在では1日に平均して1〜2回ほど新着レスを中心に見周りを行っている。内容によってはIPアドレスなどの確認を行い，自殺の危険が高いと考えられる場合には管理者自らレスやメールをするといったことも行っている。

管理者から見たサイトの問題点

各管理者が語ったサイトの問題点は重複を含め7つのエピソードにまとめることが可能であった。以下では，各エピソードについて，第1段落でそのエピソードを端的に示すデータ例を直接引用し，第2段落でそれに関連したデータを引用しつつ著者が要約した。なお，「　」は管理者の語りを，『　』は著者の質問を示している。また，「　」後の（管理者X）は調査協力者名を示している。

①**精神障害の知識に関する問題**　『掲示板を運営していく上で重要なことはどのようなことでしょうか？』「心の病についての知識の有無がサイトの円滑さにすごく関わっている気がします。コミュニティの雰囲気がどれだけ良くても，どれだけ相手の話を受け入れる姿勢があっても，やはり知識が全くないとトラブルになりやすいですね。うつ病の人へ，根性だせ！　ガンバレ！って励ます人はまだ結構いますから…（中略）…妄想や幻覚などの症状がでてくるとさすがにあたたかく接しようとしてもついていけなくなることがあります。サイトに対する被害妄想などで当人が暴れてしまうと，他の利用者もその人に対して我慢できず怒り爆発してしまって……。」（管理者A）

「話を受け入れる姿勢があっても知識が全くないとトラブルになりやすい」ため，自殺系掲示板上でのやり取りを行うにあたっては，特に相談を受ける側の持つ精神障害に関する知識が重要であるとAさんは感じている。掲示板の利用者にも「うつ病」や「統合失調症」などの精神障害を抱えるものはある程度存在しており，「それぞれの病態によって生じやすい問題が異なる」。こうした状態に対し，Aさんはサイト上に「心の病について」と題した精

神障害に関する知識とそのような障害を抱える利用者への接し方を記したページを作成した。ただし，利用者は「誰も読まない」ため，精神障害に関する知識の周知に関する試みはうまくいっていない。

　②**アクセス制限の問題**　『サイト運営上の困難について他に何かありますでしょうか？』「今一番悩んでいるのがアクセス制限の限界についてですね。アクセス制限というのは荒らし等に対して掲示板等に参加できないように当人のIPアドレスやホスト名を抜き取り入室できないように設定することなのですが，可変IPアドレスの場合，インターネットに接続するたびにIPアドレスやホスト名がかわるので規制しきれないようです。今は範囲規制[注1]をかけているのでトラブルはないですが，それだと同じ範囲内の利用者まで入室できなくなってしまうんですね。携帯電話やYahoo! BBだとプロバイダー加入者全員とかそういった大規模な範囲指定になってしまうので，多くの人が入れなくなり悩んでいます。」（管理者A）

　掲示板に対する荒らし行為を行うものや，上述のように妄想などで荒れてしまった利用者に対してサイトへのアクセス制限が行われる。しかし，可変IPアドレスをブロックするために範囲規制をかけると同一範囲に含まれる他の利用者にも迷惑がかかってしまうという事態が生じる。ちなみに，一時的に荒れているだけの利用者に対しては「全部入室禁止というのではなくて一部のチャットだけは許可する」等の工夫をしている。

　③**情報の不確かさに関する問題**　『これまでに実際に自殺が起こったといったことはありましたでしょうか？』「少なくとも私がよく出入りをしている掲示板などでは釣り[注2]の可能性が高いとは思いますが，掲示板利用者の自殺が起こったという話もあったりします（親族や友人として語るという形で）。しかし，基本的に書いている文章は本当のものとして見ています。コミュニティは，話が嘘か本当かを吟味するところではないと思っています。…（中略）…思っていることや辛いことを吐露される場ですから，書き込み

　　[注1]　当該IPアドレスが含まれる一定の範囲のネットワークをまとめてブロックするアクセス制限の方法。
　　[注2]　掲示板などで他の利用者が「喰いつきそう」な話題を創作し書き込むこと。自殺系掲示板では，センセーショナルな架空の相談内容が書き込まれる場合がある。

をまずは正としなければ存在理由がなくなります。」（管理者B）

　インターネット上でやり取りされる情報は不確かなものであり，相談内容の真偽のほどは確かめようがないということがしばしば生じる。「本当の相談と釣りの違いを見極めることは被相談者にとってのストレス」となっている。また，相談者が切実な思いで書き込んだ相談内容が他者から釣りと言われることで傷つきが生じることもある。特に，自殺関連サイトを訪れる利用者は辛い現実を抱えていることも多く，「他者からは信じがたい状況にあるため釣りと言われる」可能性も高くなってしまうという。

　④ネット心中の募集に関する問題　『サイト運営上の困難について他に何かありますでしょうか？』「もう1つ困っていることは自殺志願者募集の投稿でしょうか。素直に投稿を消せばいいのですが，最近は本気で書いているのか，それとも誰かに話し相手になってほしくて書いているのか見極めていこうと思っています。自殺防止の観点からみると投稿を消すことで他の利用者を守ることはできそうですが，投稿した本人はサイトから拒絶されたことになります。自殺志願者を募集する投稿も1つのSOSとして受け入れていこうと考えています。今現在は，メールアドレスの表示を禁止して運営しています。いくら自殺志願者の募集をしても連絡の取り合いができないのであればトラブルは防げるのではないかと思っています。」（管理者A）

　「自殺サイト＝ネット心中というイメージは強く」，こうした投稿は後を絶たない。Aさんはネット心中の募集に関する投稿を減らしたいというよりは，こうした投稿を利用者からの援助要請ととらえ，支援の手を差しのべたいと考えている。しかし，こうした投稿を掲示板上に残すことは他の利用者を危険にさらすことと同義であり，そこに葛藤が生じている。

　⑤危機介入の難しさ　『掲示板上で何らかの明確な自殺のサインが見られた場合はどのように対応しているのでしょうか？』「…（中略）…電話一本での危機介入は現在は活用していません。報道などでご存知かとも思いますが，警察への電話一本で，警察から掲示板の運営者（サーバー）に書き込み者の情報照会があり，それを頼りに警察が当事者のところへ出向・説得して解決するということがあります。報道でも，警察の説得によって自殺が防止されたと誇らしげに書かれたりしています。が，それはその時点でのことであっ

て，実際には，（自殺防止に詳しくない警察の）説得で自殺がなくなるほど自殺の動機は浅いものではありませんし，自殺防止は簡単ではありません。本来なら警察の説得は，カウンセラー・心療内科や精神科の受診など専門家に繋げる説得でなければならないはずですが，今の日本ではそこまでの連携がまだまだ未整備です。」（管理者C）

　自殺の危険が高まっている利用者が掲示板に書き込みをした場合でも，「管理者が全てそこに出向いて対応をすることは不可能」なことである。そのため，通常は警察に対応をしてもらうことになるが，現状ではそれが専門家との連携に発展するというところまではいっていない。

　⑥放置掲示板の問題　『掲示板運営上の管理者の義務や倫理について考えていることはありますでしょうか？』「他の掲示板では自らが心の病を抱えながら掲示板を運営されている場合もあり，管理のストレス等もちょっとやそっとのものではないので，大変だなぁと思うこともあります。しかし同時に，運営が出来なくなって荒れたり危険な状態になっているような掲示板もあるので，けじめというか，管理者としての線引きは大切だなと思います。」（管理者C）

　「自殺志願者を募集する投稿の削除がサイトからの拒絶感を利用者に与えることになる」ことを考えると，書き込みの削除1つでも管理者には大きな運営ストレスがかかることになる。また，「利用者間のトラブルや実際に自殺が生じた場合には，運営動機を失い」掲示板が放置されてしまう場合がある。こうした掲示板は，フレーミングが起きても止める者もなく，ネット心中相手の募集などの書き込みにも対応がなされないということになる。

　⑦サイト環境の問題　『サイトにもたらしたい雰囲気とその雰囲気をもたらすためにしていることなど何かありますでしょうか？』「トラブルが起きないような雰囲気作りに気を使っています。サイトのデザインも自殺サイトにありがちな不気味で暗いイメージにならないようにしています。死を連想させるようなデザインは一番良くないと思います。利用者は掲示板の画面を見ながら文章を作成しているわけですから，背景のデザインなどは投稿内容にも影響がでるのではないかと思っています。」（管理者A）

　Aさんは，暗い画面や不気味でグロテスクなイメージをさけるようサイ

トをデザインしている。また，フレーミングをさけ「共感をしやすくなるようヒーリング系の音楽を流す」などの工夫をしている。ただし，「暗いデザインの方が落ち込んだ気分のときには過ごしやすいといった反対の意見を利用者からいただく」こともあるという。

問題点と問題点を引き起こす要因との関連

KJ 法により問題を引き起こす要因を分析したものに，上記の問題エピソードを重ねた結果，図 12-1 が得られた。

12-4 考　察

本研究では，自殺系掲示板の管理者から見たこうした活動の問題点について情報収集をした。その結果，①利用者の抱える精神障害に関する知識のなさとそれに由来する対応の不適切さの問題，②利用制限を行う場合の技術的な問題，③釣りにひっかかることあるいは釣りだと言われ相談に取り合ってもらえないという問題，④ネット心中の募集への対応の問題，⑤危機介入の難しさ，⑥放置掲示板の危険性，⑦サイト環境が利用者に与える影響といった問題が語られた。また，KJ 法を通じ，これらの問題を引き起こす要因は，利用者要因，管理者要因，インターネット要因，社会要因の 4 つに整理できると考えられた（図 12-1）。多くの問題は，複数の要因の相互的な影響によって生じているが，以下ではそれぞれの問題の背景要因について考察する。

①の精神障害の症状への対処の難しさについてであるが，これは相談者の抱える精神障害と被相談者の精神障害への知識のなさから生じる問題であり，その背景はいずれも利用者の特性である。

②のアクセス制限による巻き込みは，荒らしや精神障害の症状等で不適切な書き込みを行ってしまう利用者へのアクセス制限が他の利用者にもアクセス制限を強いることになるという問題であるが，これは荒らしを行う利用者の存在と利用制限を行う際のインターネットの技術的問題が組み合わさって生じた困難である。

③の情報の不確かさに由来するストレスは，架空の相談にレスをすること

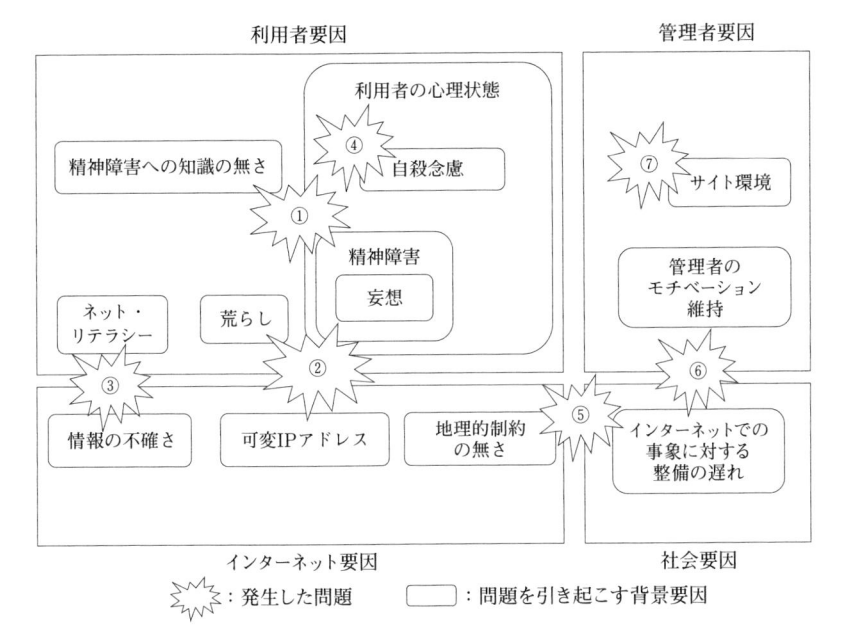

図 12-1　自殺関連サイト運営上の問題点とその要因の関係

①：精神障害の症状への対処の難しさ　　②：アクセス制限による巻き込み
③：情報の不確かさに由来するストレス　④：ネット心中防止に伴う予防的働きかけの制限
⑤：危機介入の難しさ　⑥：放置掲示板の悪用　⑦：サイト環境から利用者が受ける影響

や自らの相談が創作されたものとして扱われることによって生じるストレスである。対面の相談場面と違い，非言語的な情報の欠如した掲示板上でのやり取りはこうした問題が生じやすいと考えられる。ただし，こうした問題には技術的な要素のみではなく，情報の真偽を見極めるための利用者のメディア・リテラシーも影響していると考えられる。

　④のネット心中防止に伴う予防的働きかけの制限は，自殺予防という管理者の持つサイト設立・運営の趣旨がネット心中の防止策を講じることによって阻害されることである。ネット心中は通常，掲示板に心中の呼びかけと個人の連絡先（主にメールアドレス）がセットで書き込まれ，志願者がそこへメールを送ることにより始まる（渋井，2009）。こうした志願者間の個人的や

り取りを防ぐため，Aさんはネット心中募集の書き込みを削除せず他の利用者からの掲示板上での働きかけという介入の余地を残すかわりに，個人的連絡が取れないようメールアドレスの表示を全面的に禁止している。こうした予防活動の制限は，自殺関連サイト利用者の持つ自殺念慮という特性から生じる問題である。

⑤の危機介入の難しさとは，掲示板などにおいて自殺のサインが見られた場合の対応の難しさである。インターネットを利用してコミュニケーションを行う利用者の居住地は各地に点在しており，自殺の危険が高まった場合に管理者が対応できるとは限らない。また，現在では警察がこうした際の対応にあたっているが，専門家の相談へとつなぐといった対応はなされておらず，電子掲示板というメディア上での自助グループ活動における現実的なセーフティネットは欠如している。この問題には，インターネットの地理的な制約のなさという特性と，インターネットの出現によって生じるようになった事象への対応の遅れという要因が背景にあると考えられる。

⑥の放置掲示板の悪用は，管理者のモチベーションの低下によって管理のなされなくなった掲示板上で生じる問題である。こうした掲示板上では，薬の売買，売買春の斡旋，復讐の請負等のやり取りがなされる場合がある。こうした問題には，管理者側の要因も大きいものの，放置されたサイトを削除する仕組みの整備の遅れといった要因もあると考えられる。

⑦のサイト環境の影響とは，管理者のほどこしたサイトのデザインが利用者の心理や利用者間の相互作用に及ぼす影響を意味している。暴力的な映像の視聴は攻撃性を高めるという知見も存在するため（Bushman & Huesmann, 2006），自殺に関連したデザインをさけることは，共感を基調とした相互相談活動を展開していく上で重要なことであると考えられる。その一方で，暗いデザインの方が落ち込んだ気分のときには過ごしやすいといった可能性も考えられるが，現状では，色彩や音楽などのサイト環境から利用者が受ける影響に関する研究は進んでいない。

次に，図12-1に基づきインターネット上での自殺念慮を持つ利用者による自助グループ活動をより効果的に行っていくために必要な対策とその優先順位について考察する。まずは，利用者特性に関連のない部分から対策を行

うことが重要であると考えられる。なぜならば，自殺者の特性には心理的視野狭窄や解離といった状態が指摘されており（張, 2006; Shneidman, 1993），サイト上での利用者に対する啓発活動（問題点②・③）や精神障害や自殺に関する心理教育（問題点①・②）を行い利用態度に変化をもたらすことが難しいと考えられるからである。実際に管理者Aはこのような対策を講じたものの，対策は功を奏していない。そのため，利用者特性と関連のない部分から対策を講じることが有効と考えられる。具体的には，背景色や掲示板の形態といったサイト環境から利用者が受ける影響に関する研究の蓄積（問題⑦），インターネット上で行われた援助要請を現実世界での専門家へとつなぐシステムの構築（問題⑤），定期的に放置掲示板を廃止する制度の確立（問題⑥）などが求められる。そして，こうした利用者特性以外の要因による問題への対策を講じた後で，利用者そのものへの利用態度の変化を求めることが考えられる。具体的には，教育の場などを活用した匿名他者とのコミュニケーション方法に関する教育（問題②・③）やインターネット上の情報の扱い方に関するリテラシー教育などが考えられる（問題③）。

限界と今後の課題

　最後に本研究の限界と今後の課題を述べる。まず，本研究の調査協力者は3名のみと少なく，導出された結論を全ての自殺関連サイトに一般化することは難しいと考えられる。また，本研究の調査協力率は低く（21.4%），調査協力が得られた管理者にも偏りが生じている可能性が存在する。本研究の結果として見出された放置掲示板の問題のように，管理者が既に管理意欲を喪失している場合も多数存在することなどが影響していると考えられる。また，自殺系掲示板においてはAさんやBさんのように自殺念慮を抱いた利用者が管理者となることもあり，管理者自身のメンタルヘルスの問題から調査に応じることが難しい場合があるが，こうした点が調査協力率の低さに影響したと考えられる。サービスの寡占化の生じやすいウェブ上においては，活発な活動を行うサイトの管理者の絶対数が少なく，同様の調査を継続することは難しいと考えられるが，今後は，自殺関連サイトのみならず，メンタルヘルスの問題を中心とした自助グループサイトなどについても調査を行う

ことで，ウェブ上で自助グループ活動を行うことの難しさの共通点とともに，自殺に関する自助グループ活動の特異点が明らかになると考えられる。

第 5 部
総合的な考察と今後の課題

第13章
総括と今後の課題

　ここまでに示した一連の研究は臨床心理学という観点から見た際にどのような意味を持つであろうか。また，インターネットを活用した新しい自殺予防サービスとしてどのようなものが望ましいであろうか。

　下山（2003）は臨床心理学の全体構造を，実践活動（介入／アセスメント），研究活動（実践を通しての研究／実践に関する研究），専門活動の3層から成ると論じている。そこで，ここでは本書の内容が実践活動・研究活動・専門活動としてどのような意義を持つかという視点から，本書の臨床心理学的貢献について述べる。その中で，インターネットを活用した自殺予防のあり方について提言を行う。さらに，本書の中で扱い切れなかった問題について整理し，今後の課題を明確化する。

13-1　専門活動としての臨床心理学的貢献

　まず，ここでは専門活動の観点から，本書の知見を振り返る。臨床心理学の専門活動とは，活動の専門的有効性を社会へ説明することを通じて，臨床活動を社会システムの中に位置付けていく作業である。そこで，以下ではまず，わが国において実施されてきたインターネット上での自殺対策について簡単に振り返るとともに，こうした施策に対する本書からの示唆を述べ，より良い臨床実践の形を提案する。また，その他の本書の意義として，メディアを活用した自殺予防サービスの効果研究と自殺予防教育に関する視点を取り上げる。

削除／フィルタリングへの示唆

　これまでわが国におけるインターネットに関する自殺対策は，ネット心中の防止や自殺方法（例えば，硫化水素自殺）の流布に伴う群発自殺の抑止と

いった側面から行われてきた。2007年に閣議決定された自殺総合対策大綱においては，前者への対策としてインターネット上の自殺予告事案への対応等が重点施策の1つとして明記された。翌年（2008年）の大綱の改定においては，これに加え後者への対策としてインターネット上の自殺関連情報対策の推進も盛り込まれることとなり，同年に策定された自殺対策加速化プランの中では，インターネット上の違法・有害情報の検出を行うための技術開発およびフィルタリングの普及の促進が謳われた。こうした方針は，民主党への政権交代後に策定されたいのちを守る自殺対策緊急プラン（2010年）においても継承された。

　自殺に関連したインターネット上の違法・有害な情報やコミュニケーションを早期発見し，プロバイダーの責任の元にネット上から情報そのものを削除する，あるいはフィルタリングにより不可視化するという方針は，インターネットを介した自殺が生じることを防ぐ機能を持っている。しかしながら，第1部で実施した先行研究のレビューの結果からは，インターネットというメディアは自殺を引き起こす可能性を持つのみならず，有効に活用することが出来れば，自殺を予防する可能性を持っているということが示唆されていた。仮に，こうした自殺関連サイトが自殺予防的な機能を有していたとすれば，こうしたサイトの削除やフィルタリングでの不可視化の行き過ぎは援助資源の減少につながりかねない。

　現状の国内の自殺関連サイトはその利用によって自殺念慮を増大させる可能性もあるものの，援助的に機能している側面もあると考えられる。自殺関連サイトの利用者はそこでのコミュニティ活動や，書き込みを眺めながら幻想的自己肯定感を味わうことによって自らの自殺念慮に対処をしている。つまり，自殺関連サイトはこうした人々の居場所として機能している場合もあるのである。大切なことは多くの自殺関連サイトは練炭による集団自殺や硫化水素の発生方法に関する情報提供とは関連が薄く，予防的に機能しているという理解を広め，自らの自殺念慮を克服するために利用可能であるということを周知することであると考えられる。このような，自殺念慮を克服する意図を持った利用者が自助グループ活動をすることが最も効果的な自殺関連サイトの利用方法であることは第8章で示した通りである。そのため，今後

は単に削除／フィルタリングを推し進めるのではなく，援助資源として活用していくためのよりよい社会的方策を打ち出していくべきだと考えられる。

今後の社会的施策への提言

　それでは今後のインターネット上での自殺予防についてどのような提言が可能であろうか。自殺関連サイトへの行き過ぎた規制には問題があるものの，現状がそのままで肯定されるべきかという点に関しては問題があると考えられる。第8章の予備調査では，検索された19件の掲示板のうち，2件に自殺幇助的目的を掲げた掲示板が存在しており，こうした掲示板の機能や効果について本書は扱っていない。相対的に見れば少数しかない幇助目的の掲示板であるが，自殺が不可逆的現象であることを考慮すれば，こうしたサイトを規制する動きは必要である[注1]。

　自殺方法へのアクセスを物理的／認知的に制限することは，数ある自殺対策の中でも自殺率の低減効果に関する最も明確なエビデンスを持つ対策の1つである（Mann, Apter, Bertolote, et al., 2005）。また，メディアが自殺方法を詳細に伝達することが自殺率を高めるということが数多くの研究により示されている（Florentine & Crane, 2010）。実際，自殺の手段を見ると，男性では首吊りに次いで練炭等を利用した自殺が多くなっており，特にこの傾向は20〜50代において顕著となっている（内閣府，2011）。こうした自殺方法の流布にインターネット上の自殺方法関連情報が果たす役割は大きく（Shah, 2010），自殺方法関連情報への認知的アクセスを困難にするための施策は今後も継続されていく必要がある。

　2006年から開始されたインターネット・ホットラインセンターの運営などによって，自殺関連サイトの管理者が危機感と責任を持ってサイトの管理を行うようになった。利用者間でも自らの居場所となっているサイトが削除されないように書き込み内容の自主規制を行うといった規範意識が浸透してきていることは確かなことであり，危険なサイトに対する一定の取り締まり

　［注1］　これら2件の掲示板は，2009年3月時点での追跡調査により閉鎖に追い込まれていたことが明らかになっている。これは，社会面での整備の成果であると考えられる。

は必要であると考えられる。

　今後の方向性としては，一定の規制をしつつも，自殺関連サイトを自殺志願者のより安全な居場所となるよう促していくことであると思われるが，この点を考える際には第11・12章で明らかとなったこうしたサイトの問題点が参考になる。そこで，以下では，第4部で明らかとなった既存のオンライン相互援助グループにおける問題を解消するためにどのような工夫が必要かを述べる。

　利用者への調査で挙げられた利用の悪影響の1点目としてはオンライン相互援助グループ内でのやり取りが孤独感の軽減などの一時的な利点を生むがゆえに，依存状態に陥り，自殺関連事象を自らに同一化する状態が長引くという現象が挙げられる。第11章の考察でも論じたことであるが，こうした現象を防ぐためには，オンライン相互援助グループが居場所や安心感を提供する機能を持つのみならず，孤独感を一時的に和らげた上で外部の援助資源との「つなぎ」としての機能を持つ必要があると考えられる。つまり，こうしたオンライン相互援助グループもオンラインのみでの活動に終始するのではなく，必要に応じてオフライン／対面での援助へと移行できる態勢を整えておくことで，より有効な援助資源となるということである。そのため，コミュニティ内から外へ抜けるための「専門家による働きかけ・紹介」があると良いと思われる。

　こうしたオンラインとオフラインの援助の融合は，管理者への調査で明らかとなったオンライン相互援助グループの問題点の1つである「危機介入の難しさ」を解消する上でも重要なことである。しかしながら，オンラインとオフラインでの援助の融合を考える場合には，危機介入サービスを日本全国で展開するのは難しいかもしれない。その場合には，地域SNSのように，特定地域内でメンタルヘルスに問題を抱える者のオンライン相互援助グループを立ち上げるといった取り組みに切り替えることで，オンラインとオフラインを有機的に組み合わせた援助が可能となるかもしれない。

　利用者への調査で挙げられた利用の悪影響の2点目としては，コミュニティ内での相互相談活動が成立しない可能性が挙げられていた。管理者への調査でも，「利用者の抱える精神障害に関する知識のなさとそれに由来する掲

示板上での対応の不適切さ」という問題が示唆されており，相談活動が効率的に成立する仕組みが必要であると考えられる。こうした問題を解消するための工夫としては「ボランティアによる監視」が考えられる。心理学的剖検調査により自殺者の9割以上が直前に精神障害に罹患していたことが明らかとなっていることを考慮すると（張, 2006），オンライン相互援助グループの利用者にも精神障害を抱える者は多くなると思われる。こうした利用者同士の相互相談活動を円滑に進めていくためには，精神障害や相談活動等の知識を持ったボランティアによるコミュニケーションの橋渡しが必要となると考えられる。また，ボランティアによる監視は，荒らしなどの意図的な妨害活動を排除し安定したコミュニティ運営をしていくためにも必要となると考えられる。

　さらに，こうしたコミュニティをより効果的に活用していくためには，コミュニティ成員への教育が必要不可欠である。ウェブサイトを介してこのような心理教育活動が心理的に負の影響を与えないことは第2部において実証されている。その内容としては，第3章で示した効果的な援助方法のあり方を盛り込むことが考えられる。具体的には，自殺の危機が高まっている相手への対応としては基本的には共感的対応を基調とすることが望ましいこと，問題解決的働きかけは自殺念慮が低くなってから行う方が効果的であることを伝えることになる。また，合わせて電子メディアを介していかに自殺の危険性をアセスメントするのかという点も合わせて伝えることが望ましいと考えられる。この際には，第2部で示した検索エンジンの利用傾向などを確かめることが役に立つ可能性がある。以上のようなインターネットを利用した自殺予防活動の具体例を実証的に提案したことは，本書の臨床心理学的意義（専門活動への貢献）の1つである。

メディアを活用した危機介入サービス
　また，本研究（特に第3部）はメディアを介した危機介入サービスの効果研究としても位置づけることができる。特に，インターネットの特性を活用した自殺予防サービスの効果研究として見た場合，その意義は特に大きいと思われる。その意味を以下に具体的に述べる。

電話などのメディアを利用した自殺への危機介入は世界的な広がりを見せるサービスである。これは，自殺を考える者の心理状態がアンビバレントな状態にあることに由来する（Shneidman, 1993）。研究方法の難しさもあり，残念ながらメディアを介した危機介入サービスの有効性に関してはエビデンスに乏しい（Beautrais, Fergusson, Coggan, et al., 2007）。こうしたサービスは，必ずしも自殺率を直接的に減じるエビデンスが得られているわけではないと指摘されることも多い（例えば，Mann, Apter, Bertolote, et al., 2005）。しかし，自殺多発地点に電話による危機介入サービスの案内を置くことが自殺者数の減少につながるとする研究は多数存在する（Glatt, 1987; King & Frost, 2005）。つまり，少なくとも電話を利用した危機介入は他の政策と組み合わせることで有効な自殺対策となる可能性があるものである。
　メディアを利用した自殺への危機介入の例として国内ではいのちの電話を挙げることができる。1971年に東京で「いのちの電話」が設立されて以来活動は続き，社会状況の変化に伴い2006年からはインターネット相談（メールによる相談）も開始されている。「いのちの電話」における電話受信率は数％程度とかなり低くなっているが，低い受信率となっていることの背景には相談件数が爆発的に増加していること（日本いのちの電話連盟, 2010），国内人口の年齢構成や経済状況の変化にともないボランティアの確保が難しくなってきているという社会的な問題がある。
　こうした社会問題を解消する手立ての1つが，インターネットの特性を生かした非同期的なグループ・コミュニケーションによる自助グループの展開である。1対1の相談サービスではないため，少数のボランティアで運営できるという経済的メリットもあり，海外では既にNPOによる実践も行われている（Barak, 2007; Gilat & Shahar, 2009）。しかしながら，こうした活動に関する効果研究は筆者が知る限り実施されていない。本研究の第3部は（特に第8章），研究デザインに問題は抱えるものの，インターネットの特性を生かした非同期的なグループ・コミュニケーションによる自助グループの効果を量的研究において検討した点で特に意義が大きいと考えられる。また，質的な検討ではあるものの，第10章において指摘された利用者が感じる自助グループ（掲示板）から受ける利点にも意義がある。利用者の孤独感への

介入や他者との絆の生成が可能となっていることは，既存の自殺予防理論（稲村，1980; Joiner, Van Orden, Witte, et al., 2009; Shneidman, 1993; 髙橋，2006）における危機介入理論に照らし合わせても，こうした活動が有望であることを示していると考えられる。

自殺予防教育（心理教育）

　さらに，第2部第7章（自殺予防を目的としたウェブサイトの閲覧者の特徴と閲覧の影響）は，一般人を対象とした自殺予防教育に関する研究としての意義を有すると考えられる。コミュニティ・モデルの自殺予防において言及した際の繰り返しとなるが，精神科への受診や心理的サービスを受けないままに自殺に至る者は多数にのぼるため，自殺に関する客観的な情報を広く一般に知らしめることは重要なこととなっている。これは，自殺の危険を示すサインに他者が気づき，自殺の危険の高い者を支援につなげるためである。そのためこうした教育／情報提供を実施する際には，自殺の危険を示すサインに関する情報と支援先に関する情報をセットで示すことが通例となっている（Rudd, Berman, Joiner, et al., 2006）。こうした教育が，他者の自殺の危険性に気づく能力を有意に高めることを示唆する実験研究も存在する（Van Orden, Joiner, Hollar, et al., 2006）。

　こうした一般市民を対象とした教育活動を実施していく上での困難は，人々が自殺に関する情報に曝露することにより，自殺念慮が増大するなど自殺の危険性が増す可能性があるかもしれないという懸念があることである。この問題については，大学生に対する実験研究が行われており，心臓発作の危険サインの記載を読んだ学生に比べ，自殺のサインについての記載を読んだ学生が抑うつ・不安・絶望感・希死念慮を高めることはなかったという結果が得られている（Rudd, Mandrusiak, Joiner, et al., 2006）。ただし，より低年齢を対象とし学校で行われた自殺予防教育については，必ずしも自殺予防的な影響のみが得られるわけではないという指摘も存在する（Cusimano & Sameem, 2011）。

　第7章の研究の結果，自殺の危険因子などをまとめたウェブサイトの閲覧を通じて自殺念慮は高まっておらず，本書の結果はラッドら（Rudd, Mandrusiak, Joiner, et al., 2006）の知見を支持したと言える。また，こうした教育活動をウェブサイトを通じて一般の読者に対して実施をしたことに新奇性がある。メディアを通じた自殺の啓発活動には自殺に対する態度や援助要請意図・行動に影響を与える可能性があるものの（Daigle, Beausoleil, Brisoux, et al., 2006），その費用の観点からこれまで実践が控えられてきたという経緯もある。こうした自殺対策の費用対効果を向上させる可能性を有するという点においても，インターネットを通じた教育活動の効果を検討した意義は大きい。さらに，第12章の自殺系掲示板の問題点の調査からも，自助グループ活動を展開していく上で精神障害などの知識をコミュニティの成員が身につける必要があることが示唆されているが，第7章の研究はこうした問題を解消するための活動へ裏付けを与えることにもつながる。

13-2　研究活動としての臨床心理学的貢献

　ここでは，研究活動の視点から，本書の意義について論じる。

　研究活動としての本書の第2の意義は，多様な研究手法を用いて臨床心理学研究を行ったことにある。特に重要な点として，インターネット上の活動から抽出されるデータを扱ったことが挙げられる。インターネット利用率が約8割となり（総務省，2012），今後もこの割合が減少する可能性が低い現代社会での個人的／社会的行動を分析するにあたり，インターネット上のデータを扱うことは必要不可欠なこととなっている。実際，GoogleやAmazon.comなどの巨大なウェブ上のプラットフォームが日々収集する人間の活動データは既に分析され，市民生活や企業活動を支援することに活用されている（例えば，おすすめ商品の表示）。なお，こうした活動は行政や統治方法にまで活用されることが議論され，「一般意思2.0」といった議論を引き起こしている（東，2011）。心理的支援のあり方を考えていく上でも，重要なテーマとなると考えられる。

　このような状況の中で，インターネット上に蓄積される匿名のデータから心理的援助を行う上で参考となるデータを引き出すことができた点は，臨床心理学研究の発展に寄与したものと考えられる。具体的には，第5章で検索

データと自殺率との関連を見出した点，第8章で実施した自殺系掲示板の利用動機を測定する尺度の各項目を作成するために掲示板のデータを分類した点が挙げられる。

　第2の意義は，これまでに心理学研究では多く用いられてこなかったメールによる調査を活用し，研究手法の多様化に寄与したことである。メールによる調査は全国に散在する自殺関連サイト利用者の生の声を聞くために必要な手法であり，今後もマイノリティを対象とした研究を実施していく際には特に重要となってくると考えられる。非言語的な情報のない CMC 環境でのコミュニケーションの特徴は第1部のレビューにおいて詳細に検討したが，こうした利点を活かしたデータ収集方法を実践した点は重要な寄与である。具体的には，第10・11章に提示したローデータから，調査協力者とラポールを形成し深い内省を促すことが可能であることが読み取れると思われる。

13–3　臨床実践への貢献

　ここでは実践活動の観点から，本書の知見を振り返る。ここでは，援助要請（来談），アセスメント，介入，という一般的な援助手順に沿って本研究の持つ臨床的意義について考える。

援助要請（来談）と情報疫学

　インターネットの普及に伴い近年発展した研究領域として「情報疫学（infodemiology）」が挙げられる。情報疫学とは，インターネットを中心とした電子メディア内に散在する情報をリアルタイムで収集・分析することで地域全体の健康への脅威を扱うアプローチの総称であり（Eysenbach, 2009），代表的な研究としては，Google の検索データとインフルエンザの流行の関連を指摘した研究が挙げられる（Ginsberg, Mohebbi, Patel, et al., 2009）。この領域の研究は従来，情報の供給側の分析（例えば，どのようなサイトがどの程度あるか）が中心であったが（Biddle, Donovan, Hawton, et al., 2008），ロボット型検索エンジンの利用が普及しその情報が公開されるにつれ，情報の需要側（例えば，どのような言葉がどれくらい検索されているか）に関する研

究が可能になってきている（Ginsberg, Mohebbi, Patel, et al., 2009）。

　このようなインターネット上のプラットフォーム（現在では主にロボット型検索エンジン）の利用状況に関する情報疫学的研究が専門家の関心を集めている理由は，検索の結果として表示される画面の広告等を利用することで，援助要請を促し，問題を抱えている人々を適切な援助資源に結びつけることが可能となるからである。つまり，検索エンジンを特定の疾患や社会的問題を有する人々を抽出するためのスクリーニングと見なし，その利用方法から高リスク者を割り出すことで，適切な援助資源へと導くことが情報疫学研究の最終的な目標となる。

　こうした試みはインフルエンザのような疾病のみならず自殺などの社会現象をもその対象としている。わが国では，YAHOO! JAPAN の検索エンジンで「死にたい」や「自殺したい」といった自殺関連語を検索すると，自殺予防総合対策センターが作成している「いきる・ささえる相談窓口（都道府県・政令指定都市別の相談窓口一覧）」へのリンクが検索結果の目立つ位置に表示されるといった試みが数年前から実践されている。自殺と検索エンジン利用の関連を検討することは，こうした試みをより効率的に実施し，自殺予防に寄与するために重要なことであると考えられる。こうした問題に対し本研究では，第5章において自殺に関連が深い検索語を明らかとし，その構造を探索した。さらに，第6章においてはいくつかの検索語を抽出し，これらの検索語と自殺のリスクファクターとの関連を検討した。これにより，自殺の危険の高い者が検索する可能性の高い検索語，つまり自殺の危険の高い者を抽出するためのスクリーニング機能を果たしうる検索語を明らかにした。

　検索連動型広告等を活用した自殺の危険の高い者の援助要請の促進に対する批判としては，仮に死を望み自殺方法やネット心中をしてくれる者を探しているインターネット利用者が検索する可能性が高い検索語が明らかとなり，広告をうったとしても，自殺予防を目的としたサイトへのリンクをクリックすることはないのではないか，というものが考えられる。この点に関しても，本研究から明確な反論を提出することができる。第7章で実施したウェブサイトの運営からは，自殺予防を目的として運営していることをメタタグにおいて明示しているウェブサイトであっても，閲覧者の約半数は閲覧前に自殺

方法およびネット心中相手を探していたことが明らかになっている。今後は，こうしたエビデンスを元に援助要請を活性化するための実践活動がより広範に展開されることが望まれる。

アセスメントおよび危機介入

まずは，自殺のリスク・アセスメントについて述べる。これまでに提案された代表的な自殺のリスク・アセスメントには，自殺の協働アセスメント・マネージメント（Collaborative Assessment and Management of Suicidality）（Jobes, 2006），自殺関連事象継時評価法（Chronological Assessment of Suicide Events）（Shea, 2002），ワシントン大学リスク評価プロトコル（University of Washington Risk Assessment Protocol）（Linehan, Comtois, & Murray, 2000），自殺リスク評価決定木（Suicide Risk Assessment Dicision Tree）（Joiner, Van Orden, Witte, et al., 2009）などが挙げられる。

これらのアセスメント理論からは，自殺の危険性のアセスメントにおいては，その時点での自殺念慮の強さおよび過去の自殺関連行動歴の聴取が重要であること，また，特に切迫した「既遂自殺」のリスクを見極める際には，後者のアセスメントが重要であることが読みとれる。本書では，第6章の調査において，自殺関連サイトへのアクセスの主要な手段である自殺関連語の検索の経験者が総じて高い自殺念慮を示し，自殺企図の経験とこうした語の検索経験が有意に関連していることを示した。また，第8章では自殺関連サイト利用者の約6割に自殺企図歴があることを示した。これらの結果は，自殺関連サイト利用者の中には，長期的に見て高い自殺のリスクを有するものが多数おり，切迫した自殺のリスクを有する者も含まれていることを示唆している。筆者の知る限り，自殺関連サイトの利用者を対象として，自殺のリスクのアセスメントの鍵となる自殺企図歴等の聴取を行った研究はこれまでに実施されていない。こうした点に関する調査は，自殺関連サイト利用者の実像を理解し（アセスメントし），エビデンスに基づくインターネット上の自殺対策を実施していく際に重要な点であると考えられる。

また，第6章では，どの自殺関連語の検索経験が自殺念慮・自殺の計画・

自殺企図歴を予測するかということを，ロジスティック回帰分析を利用して分析した。自殺予防を目的としたコミュニティをウェブ上で運営する場合，必ずしも利用者の状態に対する聴取ができるわけではなく，その時点での自殺念慮の強さや過去の自殺企図歴等についてはわからない場合も多いと予測される。ただし，個々の利用者がどのような検索語を使ってそのサイトへたどり着いたのかという情報は，利用者の状態の如何にかかわらず，ウェブサイトのアクセス解析を通じて瞬時に得ることができる。第12章における自殺関連サイト管理者への調査では，こうしたコミュニティを運営する際に管理者が自殺の危険性を見極め，警察への情報提供等の危機介入を実施する必要性があることが示唆される。第6章の知見は，このような実践的な活動を行う際に有効性を発揮すると考えられる。

　次に，危機介入に関する本研究の意義を述べる。対面状況での臨床実践・研究において示された自殺者の特徴と自殺念慮が高まった者への対応についてまとめたものが表13-1である。これらは，高橋（2007）や下園（2002）を参考に著者が作成したものである。

　自殺の危機介入においては，これまで共感的な対応の重要性が繰り返し指摘されてきた。これは，上述した4つのアセスメント理論のいずれにおいても，程度の差こそあれ強調されていることである。自殺の協働アセスメント・マネージメント（Collaborative Assessment and Management of Suicidality）における「協働」（Collavorative）とはセラピスト―クライエント間の協働であり，自殺関連事象継時評価法においては，クライエントとのラポールを築くことが危機介入の中心的役割であることが指摘されている（Shea, 2002）。自殺リスク評価決定木においては，共感的な対応によりセラピスト―クライエント関係を強化することが，自殺の危険性を構成する「所属感の減弱」を解消するため，自殺の危険性が低減すると仮定されている（Joiner, Van Orden, Witte, et al., 2009）。また，共感的な対応により関係性を作ることは，正確なアセスメントをすることを可能にする点でも重要なことである。わが国における自殺学の大家の1人である稲村（1980）の提案する「心の絆療法」もこれらの内容とほぼ同一の危機介入方法を提示している。

　第9章では，自殺関連サイト利用者が感じる効果的な書き込みのあり方に

表 13-1　自殺念慮が高まった者への対応

やった方がいいこと
1. 打ち明けた人はあなた相手だから打ち明けたということを自覚する
2. 徹底的に聞き役にまわる（沈黙の場合はそれを共有する）
3. 共感をする　例：「それは本当に大変だったね」など
4. 場合によっては専門家（精神科医など）に助けを求める

やってはいけないこと
1. 話題をそらす
2. 激励する
3. 社会的・一般的な価値観を押し付ける
4. 叱りつける
5. 批判・助言をする
6. 質問を連発する

ついて検討したが，書き込み内容は「接近・存在肯定」を基本としたものが望ましく，「常識・規範的予防」の有効性が最も低いと評価された。これは上述の先行研究の知見と一致するものであり，本書でも先行研究の結果が追認されたと言える。また，下園（2002）は自殺の危険が高まった者に対する対応として，「新たな提案をせずに，3時間話を聞き，その後に専門家へ助けを求める」という方法を推奨している。本研究でも，「問題解決」の有効性は自殺念慮の強さと負の相関を示しており，こうした方法の有効性が実証されたと言える。

非言語情報のあるコミュニケーション環境下で行われた既存の自殺研究との知見の一致から，インターネット上においてもこれまで蓄えられた知見，特に「傾聴」や「共感」によって自殺念慮の高まった者を助けることが可能であると考えられる。技術的な発展にともないインターネット上では非言語的な情報を含めたやり取りが安価に可能となる時代が到来しているが，自殺問題における危機介入に必要なコミュニケーション技術に関し統計的な裏付けを与えた点にも本書の臨床実践的意義はあると考えられる。

ただし，共感に関する話については，以下のような懐疑も提出されることが想定される。それは，「診察室ならばともかく，自殺方法を探しに来ているようなインターネット利用者と共感的対話が成立する可能性があるのか？」という疑問である。この点については，第8章の内容により回答を出

すことができる。第 8 章では，自殺関連サイトの利用動機を測定し，作成された尺度の下位尺度得点を利用したクラスタ分析によって自殺系掲示板の利用者を「援助」「目的不明確」「自助グループ」「相談・自殺念慮高」の 4 つのタイプに分類した。この中でも，特に「相談・自殺念慮高」群は興味深い。この群は，「一緒に自殺してくれる人を見つけるため」「効果的な自殺方法を知るため」などといった【自殺準備】因子の得点が高いことが特徴であるが，同時に【相談・打ち明け】因子も高い得点を示している。これは，自殺念慮が高まり自殺方法を探している状態にあったとしても，その利用者は同時にどこかで話を聞いてもらいたい，自らの状態について相談をしたいという動機を持っていることを示している。インターネット上においても自殺念慮を緩和するための共感的やり取りは十分成立するが，こうした可能性を実証した点にも本研究の意義はあると考えられる。

13-4 本研究の問題と今後の課題

　ここでは，本研究の問題と今後の課題について述べる。各研究の限界点は各章末に詳細に記されているため，ここではこれらの中でも大きな問題のみを取り上げる。まず，本研究全体に影響を与える可能性のある問題として，筆者の自殺および自殺予防に関する価値観が研究結果に与えた影響について述べる。その後，各研究を踏まえたインターネットを活用した自殺予防研究の今後の課題・展望を述べる。

筆者の価値観の影響

　本書冒頭で記したように，基本的に筆者は一般的な自殺予防を推進することを是とする立場に立っている。また，インターネットについても，単純な規制を行うよりは，その特性を生かすことを念頭に研究を進めてきた。以上の 2 つの価値観から，本書においては以下のような影響が生じている可能性がある。

　第 10～12 章で行った質的研究は特に研究者の主観を利用しながら分析を行うものであり，自殺予防的な側面への着目が拡大した可能性は否定できな

い。具体的には、第10章の自殺系掲示板の効果の構造に関する研究では、掲示板の効果／利点について執拗に抽出しようとした可能性がある。また、第4部における自殺系掲示板の問題点に関する研究では、個人的には丁寧に分析を行ったつもりではあるものの、全ての分析は筆者1人で行われているものであり、意図しない見落としが生じている可能性も否定はできないだろう。ただし、第10章の問題については第8章の自殺系掲示板の利用前後の自殺念慮の変化に関する分析において掲示板が正の影響を持っていることを示したこと、第4部の研究においてはいずれにおいても現状の問題点を抽出するのみならずより良いサービスを構築しようという問題意識を持って行ったことから、ある程度は妥当な結果を抽出しているのではないだろうか。

本書の限界から見た今後の課題

次に、各研究を踏まえたインターネットを活用した自殺予防研究の今後の課題・展望を4点述べる。

第1に、サイトへのアクセスに関する問題である。本書では、多数の自殺関連の検索語を分類し、その中から検索量の多い代表的な自殺関連語に関して詳細な調査を実施した。これにより、現在のウェブサイトへのアクセスの主流であるロボット型検索エンジンを自殺予防に効果的に活用する方法の足がかりを得ることはできたと思われる。しかしながら、ウェブ上のプラットフォームはロボット型検索エンジンのみにとどまらない。今後は他のプラットフォーム（例えば、Twitter, Facebook）内にて効果的に援助を必要とする者へアウトリーチをする方法を明らかにする必要がある。また、こうした試みは自殺予防を目的としたオンライン相互援助グループを運営する限り、継続的に実施すべき課題であると考えられる。

第2に、情報提供・心理教育についてであるが、本書では対象群を設定することができていないため、自殺に関する心理教育コンテンツをウェブ上で閲覧した場合にも、自殺念慮が悪化する可能性は低い、という結論しか得られていない。今後は、より効果研究に適した研究デザイン（ランダム化比較試験）を用いたコンテンツの有効性の検証が必要であると考えられる。この際には、サイトにアクセスした者がどのような者であるということを精査す

る必要があると考えられる。というのは，自殺に関わる心理教育の効果については，臨床群には効果が得られる場合はあっても，健常群に対しては効果が見られないことが多いという先行研究のレビューがあるからである（稲垣・大槻，2010）。

　第3に，自殺予防を目的としたオンライン相互援助グループの効果の検証に際しては，縦断調査が実施されることが望まれる。本研究では回顧法による自己評定としたが，この方法による研究のみから効果に関する議論をするのは不十分であると考えられる。この際には，利用量と効果との関連を検討することも重要であると考えられるが，利用量の測定は以下の点について気をつける必要があると考えられる。インターネットの利用と精神的健康の関係を検討した従来の研究における利用量の測定は「ツール別の分類」（例えば，ウェブサイトの閲覧）か「目的別の分類」（例えば，情報収集）のどちらか一方あるいはその両方が用いられている。本書の場合は，後者の方に分類される。しかし，研究知見を実社会での政策等に反映させようと考えた場合，「ツール別の分類」では分類が大きすぎるために利用制限が難しく，また「目的別の分類」は利用者の主観によるためプロバイダーや保護者からは識別不能であり利用制限を行うことができない。そのため，コンテンツやコミュニケーション内容という，客観的に判断が可能かつ有害である場合にも対応可能な情報を元に利用量の測定を行っていく必要がある。具体的には，自殺予防を目的とした利用者登録型のオンライン相互援助グループを作成・運営することを通じて研究を実施すれば，利用者のコミュニケーション量（閲覧時間，書き込み回数）が測定可能になると考えられる。

　第4に，研究対象とした世代の問題である。第10～12章におけるメール調査の相手の年齢については判然としない部分もあるものの，第8・9章の自殺系掲示板での質問紙調査の回答者の年齢構成が25.2歳（$SD=8.1$）であり40歳以下が94.9%を占めていたことを考慮すると，およそ本書で扱っている世代は40歳以下となっている。しかし，自殺死亡率が高いのはこれより上の世代である（内閣府，2012）。現在の自殺関連サイトの利用者の中心は，自殺率の高い50～60代ではなくそれよりも若い世代であり，インターネットを活用した自殺対策を活性化したとしても，自殺率に直ぐに影響を与える

ことは難しいかもしれない。自殺関連サイトを利用する現在の若い世代が自殺の危険の高まる世代に差し掛かった際にこうしたサービスを活用するのか，活用したとしてその効果は加齢にともない変化をしないのかという点については注視していく必要がある。

自殺とインターネット研究の外延

　最後に，本書からの発展のみならず，本書では全く扱うことのできなかった自殺とインターネットに関する研究の課題について述べる。

　レッシグ（Lessig, 2000）は，人の行為を制約する力について，法・規範・市場・アーキテクチャの4つを挙げている。自殺関連サイトで行われるコミュニケーションにおいては，法や市場の影響は相対的に少なく，規範とアーキテクチャが大きな影響を持つと考えられる。本書では利用者の行動の決定要因として利用動機を扱ったが，利用者の行動は動機のみによって決定されるわけではなく，与えられたサイトの環境（コミュニティの規範，電子掲示板の形態といったアーキテクチャ）に大きく依存するものだということである。こうした規範の生成や影響，アーキテクチャが利用者間コミュニケーションに与える影響については本書では扱うことはできていない。インターネット関連のメディアの発達スピードは現在でも凄まじいものがあるため，アーキテクチャの与える影響については，研究を実施・完了する頃には既に次世代のアーキテクチャによるコミュニケーションが一般化しているという事態も想定され，アーキテクチャといった観点からの研究はしばらくは難しいかもしれない。その一方で，コミュニティ内での規範の生成プロセスや生成された規範が与える影響については，社会心理学やコミュニティ心理学の知見を参考にしながら発展させていくことが可能であると思われる。

　また，ブログ等の個人メディアの存在についても研究する必要があると思われる。本書で主に扱った電子掲示板以外にも，インターネット上の自殺関連コンテンツには，例えばブログを利用して自殺したい気持ちなどの個人的心情を綴ったページなども多数存在する。例えば，第10章の調査協力者からは，「自殺サイトに関わっていた時期の殆どを通して，複数のメンヘラーとのメール，ぐちゃぐちゃなブログ，自殺以外のアングラサイトの閲覧，を

していました。(No. 1)」「掲示板で御礼を言っていた友人がメールやブログで悩みを書き続けるのもたくさん目にしましたから，こういう嘘を吐いていたのは私だけじゃないと思います。(No. 1)」「たまに共感した人とやり取りしているなかで，相手側が病状が悪化して，突然メールが途絶える事があります。それが，本当なのかどうなのか為す術がないので，結局自分を責める事になります。(No. 8)」といった発言が見られたが，これらの発言からは，掲示板で知り合うことをきっかけとしてメールの交換をしたり，互いのブログに悩みを書いて相談をしたりしていることが読み取れる。このように，自殺系オンライン・コミュニティの外延ははっきりとしたものではなく，利用者間の直接的なやり取りがなされる電子掲示板やチャットの外にまで続いていくものである。上述の発言からも，掲示板やチャット，ブログ，個人間のメールとでは，それぞれ役割や意味合いが少しずつ変わっていることが読み取れるが，こうした点を含めた研究がインターネット上にある自殺系コミュニティの全容を理解するためには必要なことだと考えられる。

13-5　おわりに

　最後に，ここまで書いてきて，言い足りないことが2つほど思い浮かんだので，思いつくままにそれを書かせてもらい，本書を締めくくりたいと思う。

自殺予防――変わるものと変わらないもの

　多くの研究を引用してきたが，これらの積み重ねを見ると，やはり自殺への危機介入の際に最も重要なものは，共感的なコミュニケーションのようである。死にたいと思っている人をこちらの世界につなぎとめておく最後の手段は，共感の力なのである。もちろん，これだけでは十分ではないが，これが必要条件なのである。そして，この点については，自殺予防において未来永劫変わらない点なのだろう。

　しかし，コミュニケーションを何によって媒介させるかは，時代とともに変わっていく。必ずしも対面でなくても良いし，音声が必要なわけでもない（この点に関しては，第3章参照）。時代に合わせたメディアを活用した自殺

予防サービスを作っていくという態度を継続的に持つことが重要なのだろう。

　本書の中では，インターネットを活用したコミュニティ・ベースの自殺予防サービスの形を提言しているが，これを実際に運営していく場合，研究は新たな局面に入ると考えられる。それは，コミュニケーションの場を自殺予防に適した形へとデザインしていく必要があるからである。しばらくの間は，試行錯誤が続くことが予測される。その際，東浩紀の情報社会やアーキテクチャに関する一連の著作は，大きな助けとなるだろう。本書の中でも東氏の著作は折に触れて引用しており，またそもそも，筆者は氏の著作から大きな影響を受けているが，自殺予防や臨床心理学におけるコミュニケーションの問題を考える際にも大いに参考にできるものである。

臨床心理学と自殺予防

　この本は，自殺予防に関する本でもあり，臨床心理学の研究の本でもある，と冒頭で記した。自殺予防と臨床心理学。わが国におけるこの2つの学問・実践には奇妙に共通する点がある。それは，いずれの領域における実践においても，科学性や実証性が軽視されがちであるということである。

　もちろん，いずれの領域においても，実践や施策の効果を検証していくことは難しいことである。特に，自殺対策の効果を検証することは本当に難しい問題である。しかし，やらなくて良いことではない。わが国では，残念ながら自殺率は世界的に見て高い水準にあり，この状態が多年にわたり続いてしまっている。人々のメンタルヘルスの状態を向上させ自殺を未然に防ぐために，実践や政策決定を科学的に行う必要がある。

　この大きな問題は，当然本書が何かを記したからどうなるものではない。しかしながら，臨床心理学領域の研究を進めるにあたって，あるいは自殺に関する研究や対策の有効性を考えるにあたって，なにがしかの参考になる部分があると思う。未来の読者がこの部分を読み返した際，あまりに当たり前のことを書いているとあきれることがあれば，筆者にとっては本望である。

文　献

Aiba, M., Matsui, Y., Kikkawa, T., Matsumoto, T., & Tachimori, H. (2011). Factors influencing suicidal ideation among Japanese adults: From the national survey by the Cabinet Office. *Psychiatry and Clinical Neurosciences*, **65**, 468–475.

相川充（1989）．援助行動．大坊郁夫・安藤清志・池田謙一（編）個人から他者へ．社会心理学パースペクティブ1．誠信書房，pp. 291-311.

赤澤正人・松本俊彦・勝又陽太郎・木谷雅彦・廣川聖子・高橋祥友・平山正実・亀山晶子・竹島正（2010）．アルコール関連問題を抱えた自殺既遂者の心理社会的特徴——心理学的剖検を用いた検討．日本アルコール・薬物医学会雑誌，**45**, 104-118.

Alao, A. O., Yolles, J. C., & Armenta, W. R. (1999). Cybersuicide: The Internet and suicide. *American Journal of Psychiatry*, **156**, 1836–1837.

東浩紀（2001）．動物化するポストモダン——オタクから見た日本社会．講談社．

東浩紀（2007）．ゲーム的リアリズムの誕生．講談社．

東浩紀（2011）．一般意志2.0——ルソー，フロイト，グーグル．講談社．

Barak, A. (2007). Emotional support and suicide prevention through the Internet: A field project study. *Computers in Human Behavior*, **23**, 971–984.

Barak, A. & Miron, O. (2005). Writing characteristics of suicidal people on the Internet: A psychological investigation of emerging social environments. *Suicide and Life-Threatening Behaviour*, **35**, 507–524.

Barnes, L. S., Ikeda, R. M., & Kresnow, M. (2001). Help-seeking behavior prior to nearly lethal suicide attempts. *Suicide and Life-Threatening Behavior*, **32**, 68–75.

Beard, K. W. (2005). Internet addiction: A review of current assessment techniques and potential assessment questions. *Cyberpsychology & Behavior*, **8**, 7–14.

Beautrais, A., Fergusson, D., Coggan, C., Collings, C., Doughty, C., et al. (2007). Effective strategies for suicide prevention in New Zealand: A review of the evidence. *The New Zealand medical journal*, **120**, U2459.

Beck, A. T., Kovacs, M., & Weissman, A. (1979). Assessment of suicidal intention: The scale for suicide ideation. *Journal of Consulting and Clinical Psy-

chology, **47**, 343-352.

Becker, K., Mayer, M., Nagenborg, M., El-Faddagh, M., & Schmidt, M. H. (2004). Para-suicide online: Can suicide websites trigger suicidal behaviour in predisposed adolescents? *Nordic Journal of Psychiatry*, **58**, 111-114.

Biddle, L., Donovan, J., Hawton, K., Kapur, N., & Gunnell, D. (2008). Suicide and the internet. *British Medical Journal*, **336**, 800-802.

Brown, G. K., Beck, A. T., Steer, R., & Grisham, J. (2000). Risk factors for suicide in psyhiatric outpatients: A 20-year prospective study. *Journal of Consulting and Clinical Psychology*, **68**, 371-377.

Brown, G. K., Ten Have, T., Henriques, G. R., Xie, S. X., Hollander, J. E., & Beck, A. T. (2005). Cognitive therapy for the prevention of suicide attempts: A randamized controlled trial. *The Journal of the American Medical Association*, **294**, 563-570.

Bushman, B. J. & Huesmann, L. R. (2006). Short-term and long-term effects of violent media on aggression in children and adults. *Archives of Pediatrics & Adolescent Medicine*, **160**, 348-352.

Byrne, D. (1971). *The Attraction Paradigm*, New York: Academic Press.

Carlton, P. A. & Deane, F. P. (2000). Impact of attitudes and suicidal ideation on adolescents' intentions to seek professional psychological help. *Journal of Adolescence*, **23**, 35-45.

Cedereke, M., Monti, K., & Ojehagen, A. (2002). Telephone contact with patients in the year after a suicide attempt: Does it affect treatment attendance and outcome?: A randomised controlled study. *European Psychiatry*, **17**, 82-91.

張賢徳 (2005). 精神医学からみた実態に関する研究. 平成16年度厚生労働科学研究費補助金 (厚生労働科学特別研究事業)「Web サイトを介しての複数同時自殺の実態と予防に関する研究 (主任研究員：上田茂)」分担研究報告書.

張賢徳 (2006). 人はなぜ自殺するのか. 勉誠出版.

Christensen, H., Griffiths, K. M., & Korten, A. (2002). Web-based cognitive behaviour therapy: Analysis of site usage and changes in depression and anxiety scores. *Journal of Medical Internet Research*, **4**, e3.

Cigularov, K., Chen, P. Y., Thurber, B. W., & Stallones, L. (2008). What prevents adolescents from seeking help after a suicide education program? *Suicide and Life-Threatening Behavior*, **38**, 74-86.

Cohen, D. & Putney, R. (2003). Suicide website resources for professionals and consumers. *Journal of Mental Health & Aging*, 9, 67-72.

comScore. (2009). Yahoo! attracts more than half of all searches conducted in Japan in January 2009. Retreived from http://www.comscore.com/Press_Events/Press_Releases/2009/3/Japan_Search_Engine_Rankings. 2010/03/19.

Cusimano, M. D. & Sameem, M. (2011). The effectiveness of middle and high school-based suicide prevention programmes for adolescents: A systematic review. *Injury Prevention*, 17, 43-49.

Daigle, M., Beausoleil, L., Brisoux, J., Raymond, S., Charbonneau, L., et al. (2006). Reaching suicidal people with media campaigns: New challenges for a new century. *Crisis*, 27, 172-180.

Deane, F. P., Wilson, C. J., & Ciarrochi, J. (2001). Suicidal ideation and help-negation: Not just hopelessness or prior help. *Journal of Clinical Psychology*, 57, 901-914.

De Leo, D., Cerin, E., Spathonis, K., & Burgis, S. (2005). Lifetime risk of suicide ideation and attempts in an Australian community: Prevalence, suicidal process, and help-seeking behaviour. *Journal of Affective Disorders*, 86, 215-224.

DePaulo, B. M. (1983). Perspectives on help-seeking. In: B. M. DePaulo, A. Nadler, & J. D. Fisher, (Eds.), *New directions in helping. Vol. 2: Help-seeking*. New York: Academic Press, pp. 3-12.

Derks, D., Bos, A. E. R., & von Grumbkow, J. (2007). Emoticons and social interaction on the Internet: The importance of social context. *Computers in Human Behavior*, 23, 842-849

Derks, D., Fischer, A. H., & Bos, A. E. R. (2008). The role of emotion in computer-mediated communication: A review. *Computers in Human Behavior*, 24, 766-785.

Eichenberg, C. (2008). Internet message boards for suicidal people: A typology of users. *CyberPsychology & Behavior*, 11, 107-113.

Etzersdorfer, E., Sonneck, G., & Nagel-Kuess, S. (1992). Newspaper reports and suicide. *New England Journal of Medicine*, 327, 502-503.

Evans, M. O., Morgan, G., & Hayward, A. (2000). Crisis telephone consultation for deliberate self-harm patients: How the study groups used the telephone and usual health-care services. *Journal of Mental Health*, 9, 155-164.

Eysenbach, G. (2009). Infodemiology and infoveillance: Framework for an emerging set of public health informatics methods to analyze search, communication and publication behavior on the internet. *Journal of Medical Internet Research*, **11**, e11.

Fiedler, G. (2003). Suicidality and new media: Dangers and possibilities. In: E. Etzersdorfer, G. Fiedler, M. Witte, (Eds.). *New media and suicide: Dangers and possible interventions*. Göttingen: Vandenhoeck & Ruprecht, pp. 19–55.

Fisher, A. W. & Barak, A. (2010). Internet pornography: A social psychological perspective on internet sexuality. *Journal of Sex Research*, **38**, 312–323.

Florentine, J. B., & Crane, C. (2010). Suicide prevention by limiting access to methods: A review of theory and practice. *Social Science & Medicine*, **70**, 1626–1632.

Fountoulakis, K. N., Gonda, X., & Rihmer, Z. (2011). Suicide prevention programs through community intervention. *Journal of Affective Disorders*, **130**, 10–16.

Freedenthal, S. & Stiffman, A. L. (2007). They might think I was crazy: Young American Indians' reasons for not seeking help when suicidal. *Journal of Adolescent Research*, **22**, 58–77.

Furukawa, T. A., Kawakami, N., Saitoh, M., Ono, Y., Nakane, Y., et al. (2008). The performance of the Japanese version of the K6 and K10 in the World Mental Health Survey Japan. *International Journal of Methods in Psychiatric Research*, **17**, 152–158.

古川壽亮・大野裕・宇田英典・中根允文(2003).一般人口中の精神疾患の簡便なスクリーニングに関する研究.平成14年度厚生労働科学研究費補助金(厚生労働科学特別研究事業)心の健康問題と対策基盤の実態に関する研究協力報告書.Retreived from http://mental.m.u-tokyo.ac.jp/h14tokubetsu/%E5%88%86%E6%8B%85%E7%A0%94%E7%A9%B6%E5%A0%B1%E5%91%8A%E6%9B%B82-2.pdf. 2011/02/11.

Gartner, A. & Riessman, F. (1977). *Self help in the human services*. San Francisco: Jossey Bass Publishers.

Geertz, C. (1973). *The interpretation of cultures*. NewYork: Basic Books.

Gibson, J. J. (1986). *The ecological approach to visual perception*. Hillsdale, NJ: Lawrence Erlbaum Associations.

Gilat, I. & Shahar, G. (2007). Emotional first aid for a suicide crisis: Comparison between telephonic hotline and internet. *Psychiatry*. **70**, 12–18.

Gilat, I. & Shahar, G. (2009). Suicide prevention by online support groups: An action theory-based model of emotional first aid. *Archives of Suicide Research*,

13, 52-63.

Gilchrist, H. & Sullivan, G. (2006). Barriers to help-seeking in young people: Community beliefs about youth suicide. *Australian Social Work*, **59**, 73-85.

Ginsberg, J., Mohebbi, M. H., Patel, R. S., Brammer, L., Smolinski, M. S., et al. (2009). Detecting influenza epidemics using search engine query data. *Nature*, **457**, 1012-1014.

Glatt, K. M. (1987). Helpline: Suicide prevention at a suicide site. *Suicide & Life-threatening Behavior*, **17**, 299-309.

Google. (2010). Google Insights for Search はどのように使用できますか？ Retrieved from http://www.google.com/support/insights/bin/topic.py?topic=13761. 2010/02/28.

Gould, M. S. (2001). Suicide and the media. In: H. Hendin & J. J. Mann (Eds.), *Suicide prevention. Clinical and scientific aspects* (*Annals of the New York Academy of Science*). New York: New York Academy of Science, pp. 200-224.

Gould, M. S., Marrocco, F. A., Kleinman, M., Thomas, G. J., Mostkoff, K., et al. (2005). Evaluating Iatrogenic risk of youth suicide screening programs: A randomized controlled trial. *Journal of American Medical Association*, **293**, 1635-1643.

Greidanus, E. & Everall, R. D. (2010). Helper therapy in an online suicide prevention community. *British Journal of Guidance & Counselling*, **38**, 191-204.

Griffiths, M. (2003). Internet gambling: Issues, concerns, and recommendations. *Cyber Psychology & Behavior*, **6**, 557-568.

Harriss, E. C. & Barraclough, B. (1997). Suicide as an outcome for mental disorders. *The British Journal of Psychiatry*, **170**, 205-228.

Hassan, R. (1995). Effects of newspaper stories on the incidence of suicide in Australia. *Australian & New Zealand Journal of Psychiatry*, **29**, 480-483.

Hawgood, J., Irving, R., Guo, E., Gilmour, M., & De Leo, D. (2006). Online education: The electronic suicide prevention skills training. Paper presented at the Queensland Suicide and Self-Harm Prevention Conference, Brisbane, Australia.

Hawton, K. & Harriss, L. (2008). The changing gender ratio in occurrence of deliberate self-harm across the lifecycle. *Crisis*, **29**, 4-10.

堀口逸子（2005）．社会における実態に関する研究．平成16年度厚生労働科学研究費補助金（厚生労働科学特別研究事業）「Webサイトを介しての複数同時自殺の実態

と予防に関する研究」分担研究報告書.
Howard, P., Rainie, L., & Jones, S. (2001). Days and nights on the Internet: The impact of a diffusing technology. *American Behavioral Scientist*, **45**, 383-404.
Huang, M. P. & Alessi, M. P. (1996). The Internet and the future of psychiatry. *American Journal of Psychiatry*, **153**, 861-869.
Hunt, N. & McHale, S. (2007). A practical guide to the e-mail interview. *Qualitative Health Research*, **17**, 1415-1421.
池田謙一・小林哲郎（2005）．メディアの受容とデジタルデバイド．池田謙一（編）インターネット・コミュニティと日常世界．誠信書房, pp. 29-46.
稲垣正俊・大槻露華（2010）．地域保健従事者のための精神保健の基礎知識（9）——精神保健・自殺問題の実践を科学する．公衆衛生, **74**, 790-794.
稲村博（1980）．心の絆療法．誠信書房．
稲富正治（1992）．アルコール依存症者の人格に関する研究——対人関係における夫婦の共通点．東洋大学児童相談研究, 1-2.
Ishii, K. (1991). Measuring mutual causation. *Social Science Research*, **20**, 188-195.
Janson, M. P., Alessandrini, E. S., Strunjas, S. S., Shahab, H., El-Mallakh, R., & Lippmann, S. B. (2001). Internet-observed suicide attempts. *Journal of Clinical Psychiatry*, **62**, 478.
Jobes, D. A. (2006). *Managing suicidal risk: A collaborative approach*. New York: Guilford Press.
Jobes, D. A., Berman, A. L., O'Carroll, P. W. (1996). The Kurt Cobain suicide crisis: Perspectives from research, public health, and the news media. *Suicide and Life-Threatening Behavior*, **26**, 260-264.
Joiner, T. E., Jr., Van Orden, K. A., Witte, T. K., & Rudd, M. D. (2009). *The interpersonal theory of suicide: Guidance for working with suicidal clients*. Washington, DC: American Psychological Association.（北村俊則（監訳）（2011）．自殺の対人関係理論——予防・治療の実践マニュアル．日本評論社）
Joinson, A. N. (2003). *Understanding the psychology of internet behaviour: Virtual worlds, real lives*. Basingstoke: Palgrave Macmillan.（三浦麻子・畦地真太郎・田中敦（訳）（2004）．インターネットにおける行動と心理——バーチャルと現実のはざまで．北大路書房）
Joinson, A. N. (2005). Deviance and the Internet. *Social Science Computer Review*, **23**, 5-7.

Jonas, K. (1992). Modeling and suicide: A test of the Werther effect. *British Journal of Social Psychology*, **31**, 295–306.

Jong-Gierveld, J. (1978). The construct of loneliness: Components and measurement. *Essence*, **2**, 221–227.

勝又陽太郎・松本俊彦・木谷雅彦・赤澤正人・竹島正（2009）．インターネット上の自殺関連情報にアクセスした経験をもつ若者の実態とその特徴．日本社会精神医学会雑誌, **18**, 186–198.

警察庁（2006）．インターネット・ホットラインセンターの運営の在り方及びインターネットカフェ等における匿名性その他の問題と対策．Retried from http://www.npa.go.jp/cyber/csmeeting/h18/image/pdf18.pdf. 2008/12/12.

Kessler, R. C., Andrews, G., Colpe, L. J., Hiripi, E., Mroczek, D. K., et al. (2002). Short screening scales to monitor population prevalences and trends in non-specific psychological distress. *Psychological Medicine*, **32**, 959–976.

Kessler, R. C., Borges, G., & Walters, E. E. (1999). Prevalence of and risk factors for lifetime suicide attempts in the national comorbidity survey. *Archives of General Psychiatry*, **56**, 617–626.

Kiesler, S., Siegel, J., & McGuire, T. W. (1984). Social psychological aspects of computer-mediated communication. *American Psychologist*, **39**, 1123–1134.

King, E. & Frost, N. (2005). The new forest suicide prevention initiative (NFSPI). *Crisis*, **26**, 25–33.

King, S. A. (1999). Internet gambling and pornography: Illustrative examples of the psychological consequences of communication anarchy. *Cyber Psychology & Behavior*, **2**, 175–193.

木下康仁（2003）．グラウンデッド・セオリー・アプローチの実践．弘文堂．

Komiya, N., Good, G. E., & Sherrod, N. (2000). Emotional openness as a predictor of college student's attitudes toward seeking psychological help. *Journal of Counseling Psychology*, **47**, 138–143.

厚生労働省（2011）．平成22年人口動態統計．Retreived from http://www.e-stat.go.jp/SG1/estat/GL08020101.do?_toGL08020101_&tstatCode=000001028897&requestSender=dsearch. 2011/12/7.

小山智典・箱田琢磨・畑真弘・立森久照・竹島正（2005）．自殺関連サイトの実態に関する研究．平成16年度厚生労働科学研究費補助金（こころの健康科学研究事業）．「自殺の実態に基づく予防対策の推進に関する研究（主任研究員：上田茂）」研究協力報告書．

Kraut, R., Kiesler, S., Boneva, B., Cummings, J. N., Helgeson, V., & Crawford, A. M. (2002). Internet paradox revisited. *Journal of Social Issues*, **58**, 49–74.

Kraut, R., Patterson, M., Lundmark, V., Kiesler, S., Mukopadhyay, T., & Scherlis, W. (1998). Internet paradox: A social technology that reduces social involvement and psychological well-being? *American Psychologist*, **53**, 1017–1031.

Latzer, Y. & Gilat, I. (2000). Calls to the Israeli hotline from individuals who suffer from eating disorders: An epidemiological study. *Eating Disorders*, **8**, 31–42.

Leaf, P. J., Bruce, M. L., Tischler, G. L., & Holzer, C. E. III (1987). The relationship between demographic factors and attitudes toward mental health services. *Journal of Community Psychology*, **15**, 275–284.

Lee, D. T., Chan, K. P., & Yip, P. S. (2005). Charcoal burning is also popular for suicide pacts made on the internet. *British Medical Journal*, **330**, 602.

Lessig, L. (2000). *Code and other laws of cyberspace*. New York: Basic Books. (山形浩生・柏木亮二（訳）(2001). CODE――インターネットの合法・違法・プライバシー．翔泳社)

Lester, D. (2008–2009). The use of the internet for counseling the suicidal individual: Possibilities and drawbacks. *Omega Journal of Death and Dying*, **58**, 233–250.

Leung, L. (2007). Stressful life events, motives for Internet use, and social support among digital kids. *Cyberpsychology and Behavior*. **10**, 204–214.

ライフリンク（2008）．自殺実態白書　2008　第2版．Retrieved from http://www.lifelink.or.jp/hp/Library/whitepaper2_1.pdf. 2010/04/12

Lincoln, Y. S. & Guba, E. G. (1985). *Natulalistic inquiry*. Berverly Hills: Sage.

Linehan, M. M., Comtois, K. A., Murray, A. M., Brown, M. Z., Gallop, R. J., et al. (2006). Two-year randomized controlled trial and follow-up of dialectical behavior therapy vs therapy by experts for suicidal behaviors and borderline personality disorder. *Archives of General Psychiatry*, **63**, 757–766.

Littmann, S. K. (1985). Suicide epidemics and newspaper reporting. *Suicide and Life-Threatening Behavior*, **15**, 43–50.

Lo, V. H. & Wei, R. (2005). Exposure to internet pornography and taiwanese adolescents' sexual attitudes and behavior. *Journal of Broadcasting & Electronic Media*, **49**, 221–237.

Mann, J. J., Apter, A., Bertolote, J., Beautrais, A., Currier, D., et al. (2005). Suicide prevention strategies: A systematic review. *Journal of American Medical Association*, **294**, 2064–2074.

松枝世（2009）．形態素解析とコンピュータコーディングによる自殺系サイトの書き込みの内容分析．第 33 回日本自殺予防学会総会プログラム・抄録集，112.

松本俊彦（2008）．自傷のアセスメント．臨床心理学，**8**, 482–488.

松本俊彦・今村扶美（2009）．思春期における「故意に自分の健康を害する」行動と「消えたい」体験および自殺念慮との関係．精神医学，**51**, 861–871.

McCarthy, M. J. (2010). Internet monitoring of suicide risk in the population. *Journal of Affective Disorders*, **122**, 277–279.

McKenna, K. Y. A., & Green, A. S. (2002). Virtualgroup dynamics. *Group Dynamics*, **6**, 116–127.

Mehlum, L. (2000). The Internet, suicide, and suicide prevention. *Crisis*, **21**, 186–188.

Miller, J. K., & Gergen, K. J. (1998). Life on the line: The therapeutic potentials of computer-mediated conversation. *Journal of Marital and Family Therapy*, **24**, 189–202.

三島徳雄・永田頌史・清水隆司・久保田進也・森田哲也（2004）．職場におけるうつ病・自殺予防マニュアル及び教育プログラムの開発．産業ストレス研究，**11**, 155–162.

本橋豊・高橋祥友・中山健夫・川上憲人・金子義博（2006）．STOP！自殺．海鳴社．

元永拓郎（2007）．大学受験予備校における自殺予防活動——コミュニティ・メンタルヘルスサービスの視点から．帝京大学心理学紀要，**11**, 73–85.

Motto, J. A. (1967). Suicide and suggestibility: The role of the press. *American Journal of Psychiatry*, **124**, 252–256.

内閣府（2012）．平成 24 年版自殺対策白書．Retreived from http://www8.cao.go.jp/jisatsutaisaku/whitepaper/w-2012/pdf/index.html. 2012/07/19.

内閣府（2011）．平成 23 年版自殺対策白書．Retreived from http://www8.cao.go.jp/jisatsutaisaku/whitepaper/w-2011/html/gaiyou/s1_09.html. 2011/08/17.

根市恵子（2006）．地域における自殺予防活動の今後の課題——青森県名川町（現南部町）での取り組み（特集：自殺予防のための多角的取り組み——医学—心理—社会を軸として）．ストレス科学，**21**, 35–41.

Nicholas, J., Oliver, K., Lee, K., & O'Brien, M. (2004). Help-seeking behaviour and the Internet: An investigation among Australian adolescents. *Australian e-Journal for the Advancement of Mental Health*, **3**, 1–8.

日本いのちの電話連盟．(2010)．「自殺予防いのちの電話」実施報告書．(2009年度厚生労働省補助事業)．

野村佳絵子（2006）．摂食障害「自助グループ」を考える（2）──イギリスのネットワーク化とそれを学（真似）ぶ日本の課題（研究課題：食のグローバル化と社会病理Ⅰ共同研究）．龍谷大学国際社会文化研究所紀要, 8, 231-246.

能智正博（2000）．質的（定性的）研究法．下山晴彦（編著）臨床心理学研究の技法．福村出版．

能智正博（2005）．質的研究の質．伊藤哲司・能智正博・田中共子（編）動きながら織る，関わりながら考える──心理学における質的研究の実践．ナカニシヤ出版．

落合良行（1982）．孤独感の内包構造に関する仮説．教育心理学研究, 30, 233-238.

落合良行（1983）．孤独感の類型判別尺度（LSO）の作成．教育心理学研究, 31, 332-336.

大塚明子・瀬戸正弘・菅野純・上里一郎（1998）．自殺念慮尺度の作成と自殺念慮に関する要因の研究．カウンセリング研究, 31, 247-258.

Owens, C., Lambert, H., & Lloyd, K. R.（2005）. A qualitative study of help seeking and primary care consultation prior to suicide. *British Journal of General Practice*, **55**, 503-509.

Pagura, J., Fotti, S., Katz, L. Y., & Sareen, J.（2009）. Help seeking and perceived need for mental health care among individuals in Canada with suicidal behaviors. *Psychiatric Services*, **60**, 943-949.

Pamela, A. C. & Frank, P. D.（2000）. Impact of attitudes and suicidal ideation on adolescents' intentions to seek professional psychological help. *Journal of Adolescence*, **23**, 35-45.

Penn, D. L., Simpson, L., Edie, G., Leggett, S., Wood, L., Hawgood, J., Krysinska, K., Yellowlees, P., & De Leo, D.（2005）. Development of ACROSSnet: An online support system for rural and remote community suicide prevention workers in Queensland, Australia. *Health Informatics Journal*, **11**, 275-293.

Phillips, D. P.（1974）. The influence of suggestion on suicide: Substantive and theoretical implications of the Werther effect. *American Sociological Review*, **39**, 340-354.

Prentice-Dunn, S. & Rogers, R. W.（1982）. Effects of public and private self-awareness on deindividuation and aggression. *Journal of Personality and Social Psychology*, **43**, 503-513.

Prior, T. I.（2004）. Suicide methods from the internet. *American Journal of Psychiatry, **161**, 1500–1501.

Rajagopal, S. (2004). Suicide pacts and the internet. *British Medical Journal*, **329**, 1298–1299.

Rancāns, E., Lapiņš, J., Renberg, E. S., & Jacobsson, L. (2003). Self-reported suicidal and help seeking behaviours in the general population in Latvia. *Social Psychiatry and Psychiatric Epidemiology*, **38**, 18–26.

Reese, R. J., Conley, W. C., & Brossart, D. F. (2002). Effectiveness of telephone Counseling: A field-based investigation. *Journal of counseling Psychology*, **49**, 233–242.

Rehkopf, D. H. & Buka, S. L. (2006). The association between suicide and the socio-economic characteristics of geographical areas: A systematic review. *Psychological Medicine*, **36**, 145–157.

Reicher, S. D. (1984). Social influence in the crowd: Attitudinal and behavioural effects of de-individuation in conditions of high and low group salience. *British Journal of Social Psychology*, **23**, 341–350.

Reissman, F. (1965). The 'helper' therapy principle. *Social Work*, **10**, 27–32.

Rhee, W. K., Merbaum, M., Strube, M. J., & Self, S. M. (2005). Efficacy of brief telephone psychotherapy with callers to a suicide hotline. *Suicide and Life-Threatening Behaviour*, **35**, 317–328.

Richard, J., Werth, J. L., & Rogers, J. R. (2000). Rational and assisted suicidal communication on the Internet: A case example and discussion of ethical and practice issues. *Ethics and Behavior*, **10**, 215–238.

Rudd, M. D., Berman, A. L., Joiner, T. E., Jr., Nock, M. K., Silverman, M. M., et al. (2006). Warning signs for suicide: Theory, research, and clinical applications. *Suicide and Life-Threatening Behavior*, **36**, 255–262.

Rudd, M. D., Mandrusiak, M., Joiner, T. E. Jr., Berman, A. L., Van Orden, K. A., & Hollar, D. (2006). The emotional impact and ease of recall of warning signs for suicide: A controlled study. *Suicide and Life-Threatening Behavior*, **36**, 288–295.

Rudd, M. D., Rajab, M. H., Orman, D. T., Joiner, T., Stulman, D. A., et al. (1996). Effectiveness of an outpatient intervention targeting suicidal young adults: Preliminary results. *Journal of Consulting and Clinical Psychology*, **64**, 179–190.

Russell, D., Peplau, L. A., & Cutrond, C. E. (1980). The revised UCLA loneliness scale. *Journal of Personality and Social Psychology*, **39**, 472–480.

Sakamoto, S., Tanaka, E., Neichi, K., & Ono, Y. (2004). Where is help sought for depression or suicidal ideation in an elderly population living in a rural area of Japan. *Psychiatry and Clinical Neurosciences*, **58**, 522–530.

阪中順子（2009）．学校における自殺予防教育――自殺予防プログラム．広島大学大学院心理臨床教育研究センター紀要，**7**, 27–29.

佐名手三恵・竹島正（2003）．自殺予防対策の実態と応用に関する研究――Webサイトにおける自殺に関する情報提供の実態に関する研究．平成14年度厚生労働科学研究費補助金（こころの健康科学研究事業）「自殺と防止対策の実態に関する研究（主任研究者：今田寛睦）」総括・分担研究報告書，211–219.

Saunders, S. M., Resnick, M. D., Hoberman, H. M., & Blume, R. W. (1994). Formal help-seeking behavior of adolescents identifying themselves as having mental health problems. *Journal of American Academy of Child and Adolescent Psychiatry*, **33**, 718–728.

Schmidtke, A., Schaller, S., & Kruse, A. (2003). Contagion phenomena in the new media: Does the Internet promote double suicides and suicide clusters? In: E. Etzersdorfer, G. Fiedler, & M. Witte (Eds.). *New media and suicide: Dangers and possible interventions*. Göttingen: Vandenhoeck & Ruprecht, pp. 150–166.

Seabury, B. A. (2005). An evaluation of on-line interactive tutorials designed to teach practice concepts. *Journal of Teaching in Social Work*, **25**, 103–115.

Shah, A. (2010). The relationship between general population suicide rates and the Internet: A cross-national study. *Suicide & Life-Threatening Behavior*, **40**, 146–150.

Shea, S. (2002). *The practical art of suicide assessment: A guide for mental health professionals and substance abuse counselors*. Hoboken, NJ: Wiley.

渋井哲也（2004）．ネット心中．NHK出版．

渋井哲也（2009）．実録・闇サイト事件簿．幻冬舎．

下山晴彦（2003）．臨床心理学の全体構造．下山晴彦（編）よくわかる臨床心理学．金剛出版，pp. 4–7.

下園壮太（2002）．自殺の危機とカウンセリング．金剛出版．

志村誠（2005）．インターネットのコミュニケーション利用が個人にもたらす帰結．池田謙一（編）インターネット・コミュニティと日常世界．誠信書房，pp. 112–134.

Shneidman, E. S. (1987). A psychological approach to suicide. In: G. R. Vanden-Bos & B. K. Bryants (Eds.), *Cataclysms, crises, and catastrophes: Psychology in action*. Washington, DC: American Psychological Association, pp. 147–183.

Shneidman, E. S. (1993). *Suicide as psychache: A clinical approach to self-destructive behavior*. New York: Aronson.（高橋祥友（訳）（2005）．シュナイドマンの自殺学――自己破壊行動に対する臨床的アプローチ．金剛出版）

Short, J., Williams, E., & Christie, B. (1976). *The social psychology of telecommunications*. London: Wiley.

総務省（2012）．平成23年度通信利用動向調査．Retreived from http://www.soumu.go.jp/menu_news/s-news/01tsushin02_02000040.html. 2012/07/19.

Stack, S. (1983). The effect of the Jonestown suicides on American suicide rates. *Journal of Social Psychology*, **119**, 145–146.

Stack, S. (2000). Media impacts on suicide: A quantitative review of 293 findings. *Social Science Quarterly*, **81**, 957–971.

Stone, D. M., Barber, C. W., & Potter, L. (2005). Public health training online: The National Centre for Suicide Prevention Training. *American Journal of Preventive Medicine*, **29**, 247–251.

Strauss, A. L. & Corbin, J. (1998). *Basics of qualitative research: Techniques and Procedures for Developing Grounded Theory*, 2nd ed. Thousand Oaks: Sage.（南裕子（監訳）（1999）．質的研究の基礎――グラウンデッド・セオリーの技法と手順．医学書院）

Tajfel, H. & Turner, J. C. (1979). An integrative theory of intergroup conflict. In: W. G. Austin & S. Worchel (Eds.). *The social psychology of intergroup relations*. Monterey, CA: Books Cole, pp. 33–47.

高橋祥友（1997）．自殺の心理学．講談社．

高橋祥友（2006）．インターネット集団自殺．精神療法，**32**，596–597．

高橋祥友（2007）．自殺の危険の高い患者の心理．精神療法，**33**，338–345．

Takane, Y., Young F. W., & De Leeuw, J. (1977). Nonmetric individual differences multidimensional scaling: An alternating least squares method with optimal scaling features. *Psychometrika*, **42**, 7–67.

竹島正（2005）．発生要因と予防に関する多角的分析．平成16年度厚生労働科学研究費補助金（厚生労働科学特別研究事業）「Webサイトを介しての複数同時自殺の実態と予防に関する研究（主任研究員：上田茂）」分担研究報告書．

鄭艶花（2007）．日本の大学生のインターネット依存傾向測定尺度作成の試み．心理

臨床学研究，25, 102-107.

鄭艶花・野島一彦（2008）．大学生の〈インターネット依存傾向プロセス〉と〈インターネット依存傾向自覚〉に関する実証的研究．九州大学心理学研究，9, 111-117.

Thompson, S. (1999). The Internet and its potential influence on suicide. *Psychiatric Bulletin*, 23, 449-451.

Thompson, S. (2001). Suicide and the internet. *Psychiatric Bulletin*, 25, 400.

Tijhuis, M. A. R., Peters, L., & Foets, M. (1990). An orientation toward help-seeking for emotional problems. *Social Science & Medicine*, 31, 989-995.

Van Orden K. A., Joiner, T. E., Jr., Hollar, D., Rudd, M. D., Mandrusiak, M., et al. (2006). A test of the effectiveness of a list of suicide warning signs for the public. *Suicide and Life-Threatening Behavior*, 36, 272-287.

Walther, J. B. (1995). Relational aspects of computer-mediated communication: Experimental observations overtime. *Organizational Science*, 6, 186-203.

Walther, J. B. (1996). Computer-mediated communication: Impersonal, interpersonal, and hyperpersonal interaction. *Communication Research*, 23, 3-43.

渡辺直登（2000）．アクション・リサーチ．下山晴彦（編著）臨床心理学研究の技法．福村出版，pp. 111-118.

White, B. J., & Madara, E. (2000). Online mutual support groups. *Alliance of Information and Refferal System*, 22, 63-82.

WHO (2008). Preventing suicide: A resource for media professionals（河西千秋（訳）自殺予防　メディア関係者のための手引き　2008年改訂版日本語版）Retrieved from http://www-user.yokohama-cu.ac.jp/~psychiat/WEB_YSPRC/pdf/media2008.pdf. 2012/07/19.

WHO (2006a). Preventing suicide: A resource for media professionals. Retrieved from http://www.who.int/mental_health/media/en/426.pdf. 2009/06/19.

WHO (2006b). Preventing suicide: A resource for counselors. Retrieved from http://www.who.int/mental_health/resources/suicide/en/index.html. 2009/06/19.

Winkel, S (2005). Suicidality in adolescents and young adults: The use of discussion forums on the internet. Dissertation Thesis, University Bremen, Germany. Retrieved from http://elib.suub.uni-bremen.de/publications/dissertations/E-Diss1238_sui.pdf. 2008/12/12

Wu, P., Katic, M. J., Liu, X., Fan, B., & Fuller, C. J. (2010). Mental health service use among suicidal adolescents: Findings from a U.S. national community survey. *Psychiatric Services*, 61, 17-24.

Yang, A. C., Tsai, S., Huang, N. E., et al. (2011). Association of Internet search trends with suicide death in Taipei City, Taiwan, 2004–2009. *Journal of Affective Disorder*, **132**, 179–184.

Young, K. S. (1998). Internet addiction: The emergence of a new clinical disorder. *Cyber Psychology & Behavior*, **1**, 237–244.

Zimbardo, P. G. (1969). The human choice: Individuation, reason, and order vs. deindividuation, impulse and chaos. In: W. J. Arnold & D. Levine (Eds.). *Nebraska Symposium on Motivation*. Lincoln: University of Nebraska Press, pp. 237–307.

Zonda, T. (2006). One-hundred cases of suicide in Budapest: A case-controlled psychological autopsy study. *Crisis*, **27**, 125–129.

謝　辞

　自殺に関する話題は断続的にメディアを賑わせている。本書の謝辞を書いている今現在も，いじめと自殺に関する話題がメディアを席巻している。この本が刊行になる時にも，そしてこの本が読まれるその日にも，自殺の話題がメディアを大きく賑わせているかもしれない。少なくとも，こうした現象は断続的に続いていくだろう。それだけ，自殺とは人のこころに大きな衝撃を与える出来事なのである。

　こうした出来事が，日本だけで年間約3万件起こっている。私自身も無関係ではない。身近なところで自殺が起こってからもうずいぶんと経つが，まさかあの頃，自分がその後，心理学の研究者になり，自殺に関する本を書くことになるとは思わなかった。それだけ大きな影響を，衝撃を受けたということだと思う。

　この本を，そんな衝撃を与えた祖父に捧げたいと思う。

　また，本書内におさめられた各研究を行うにあたり，たくさんの人からアドバイスと協力をいただきました。

　まず，修士課程と博士課程の5年間にわたり指導をいただいた下山晴彦先生（東京大学大学院）には，研究の隅々にいたるまで様々なアドバイスをいただき，進捗状況にも心を砕いていただきました。そればかりでなく，下山先生には，本書出版のきっかけまで作っていただきました。その後に伴走し，本書を仕上げていただいた東京大学出版会の後藤健介さんと依田浩司さんにも感謝します。

　次に，本書を構成するそれぞれの投稿論文を査読いただいた先生方に感謝いたします。多様な観点からいただいた修正のコメントによって，研究者として大きく成長させていただきました。

　そして，何より調査に協力して下さった匿名の多くの方に感謝します。死にたいほど辛い心境の中で質問紙に記入していただいた皆様のご協力によっ

て本書は成り立っております。また，質問紙のみならずメールでのアンケートにご協力いただけた方々には本当に様々なアドバイスをいただきました。皆様の声が考察の中で多様な形で生きていると自負しております。さらに，各サイトの管理者の皆様にも，様々なご意見をいただき，アンケートの実施にも多大な労力をかけていただきました。

　以上のように多くの方の支えにより成り立っている本書は，インターネットにおける正の側面の1つである「援助活動の活性化」の結晶であると考えています。

　最後に，このような研究をする息子に文句ひとつ言わず，自由にさせていただいた両親に心より感謝いたします。

2013年4月

末木　新

索引

あ 行

アーキテクチャ　185
IPアドレス　158
　可変——　159
アウトリーチ　183
アクション・リサーチ　131
アクセス解析　180
アクセス制限　159, 162
アセスメント　173, 177, 179
厚い記述　112
アフォーダンス　23
荒らし　38
意思決定　11
依存可能性　111
いのちの電話　12
居場所　150
因子分析　86, 99
インターネット依存　145
インターネット・ホットラインセンター　171
ウェブ検索　65
ウェルテル効果　9
うつ病　62, 158
SNS（Social Networking Service）　37
　地域——　172
エビデンス　171, 174
絵文字　→エモティコン
エモティコン　23, 29, 110
援助コスト　147
援助要請　10, 151, 176-177
　——行動　93
　——コスト　147
オンライン・コミュニティ　152
オンライン自助グループ　128
オンライン相互援助グループ　20, 81, 135, 155, 172, 184

か 行

回顧法　70, 184
χ^2検定　57
介入　177
解離　165
カウンセラー　161
顔文字　→エモティコン
科学性　187
書き込み　97
管理者　118, 157
危機介入　105, 160, 174
希死念慮　37
既遂自殺　66
窮状が永遠に続くという確信　76
共感　186
　——の自販機モデル　128
Google Insights for Search　42
グラウンデッド・セオリー・アプローチ（GT法）　108, 129, 136
クラスタ分析　89
群発自殺　169
KJ法　156, 162
K6　56
掲示板の問題点　139, 147
検索ボリューム　53
検索連動型広告　50, 63
コア・カテゴリ　129
心の絆療法　180
孤独感　56, 95, 116
コミュニケーション志向メディア　104
コミュニティ・モデル　3, 175
孤立感　76
コンテンツ志向メディア　104

さ 行

サイバー犯罪相談窓口　69
サマリタンズ　12
サンプリング　77
　──・バイアス　131
CMC（Computer Mediated Communication）　23, 151-152
自己呈示　26
自殺願望　37, 70, 84
自殺関連行動　53, 78, 179
自殺関連サイト　6, 38, 81, 156, 160, 170
自殺関連事象継時評価法　180
自殺系掲示板　7, 38, 82, 84, 94, 98, 112, 157
　──書き込み内容評価尺度　98
自殺行動　37
自殺サイト　38
自殺志願者　172
自殺総合対策大綱　3, 170
自殺対策　97, 150
　──基本法　3
自殺念慮　37, 53-54, 66, 70, 72, 84, 86, 94-95, 112, 182
自殺の協働アセスメント・マネージメント　180
自殺の計画／企図　55, 84, 86, 179
自殺幇助　171
自殺方法　181
自殺未遂　37
自殺予防　169, 187
自殺予防教育　175
自殺予防情報提供サイト　66, 73
自殺リスク評価決定木　180
自助グループ　132, 150, 152, 164
社会的アイデンティティ理論　27
重回帰分析　73, 89
集団成極化　24-25
状況のコントロール可能性　75
常識・規範的予防　101, 105
情報疫学　177

情報提供　65
所属感の減弱　180
人口動態統計　44
信用性　111
心理学的剖検　3, 173
心理教育　34, 65, 165, 173
心理的視野狭窄　75, 165
心療内科　161
スクリーニング　178
　──調査　54
Scale for Suicide Ideation　55
スレッド　38, 84, 98
精神科　161
精神障害　4, 62, 158, 162
接近・存在肯定　101, 105
相互相関　47
相談活動　128
双方向セルフヘルプモデル　128
ソーシャル・キャピタル　5
ソーシャル・サポート　5

た 行

多次元尺度構成法　45
脱個人化作用の社会的アイデンティティモデル　27
超個人的コミュニケーション　25
チラ裏　117
釣り　159
t 検定　57, 72, 87
ディレクトリ型サーチエンジン　16, 41
手がかり濾過アプローチ　24
電子掲示板　155
電子メール　130
転用可能性　111
統合失調症　158

な・は 行

ネット心中　6, 25, 87, 135, 160
媒介効果　76
パス解析　72
半構造化面接　110, 137, 156
フィルタリング　170

プラットフォーム　176, 178
フレーミング　24, 27, 38, 161
ブログ　186
プロバイダー　157, 159
分散分析　91, 101-102
ヘルパーセラピー効果　20, 82, 92, 152

ま 行

無価値感　76
メール調査　184
メタタグ　74, 178
メタメッセージ　77
メディア・リテラシー　163
メディカル・モデル　3
メンタルヘルス系　130

問題解決　101, 105

や・ら行

ユーザビリティ　77
ラポール　138
ランダム化比較試験　183
リスクファクター　63, 178
硫化水素自殺　6
理論的サンプリング　108, 137
理論的飽和　108, 119, 137, 147
臨床心理学　169, 187
類似性魅力仮説　26
レス　38
ロジスティック回帰分析　57, 63
ロボット型サーチエンジン　16, 41

著者略歴

1983 年　東京都に生まれる
2007 年　東京大学教育学部卒業
2009 年　東京大学大学院教育学研究科修士課程修了
2012 年　東京大学大学院教育学研究科博士課程修了
　　　　　博士（教育学）
2012 年より和光大学現代人間学部専任講師
　　　　　臨床心理士

主要著作

『学生相談必携 GUIDEBOOK』（分担執筆，金剛出版，2012 年）
『学生相談・学生支援の新しいかたち』（分担執筆，岩崎学術出版社，2011 年）

インターネットは自殺を防げるか
ウェブコミュニティの臨床心理学とその実践

2013 年 6 月 25 日　初　版

［検印廃止］

著　者　末木　新（すえき　はじめ）

発行所　一般財団法人　東京大学出版会
　　　　代表者　渡辺　浩
　　　　113-8654 東京都文京区本郷 7-3-1 東大構内
　　　　http://www.utp.or.jp/
　　　　電話 03-3811-8814　Fax 03-3812-6958
　　　　振替 00160-6-59964

装　丁　吉田朋史（東京ピストル）
印刷所　株式会社理想社
製本所　矢嶋製本株式会社

Ⓒ 2013 Hajime Sueki
ISBN 978-4-13-011138-6　Printed in Japan

JCOPY 〈(社)出版者著作権管理機構　委託出版物〉
本書の無断複写は著作権法上での例外を除き禁じられています。複写される場合は，そのつど事前に，(社)出版者著作権管理機構（電話 03-3513-6969，FAX 03-3513-6979，e-mail: info@jcopy.or.jp）の許諾を得てください。

臨床心理学をまなぶ①　これからの臨床心理学

下山晴彦　A5判・320頁・2800円

いざ，臨床心理学をまなぶ航海へ！「臨床心理学」とは何か，ストーリー仕立てでわかりやすく解説。何を目指してまなぶのか，そのためにはどのような選択をすべきかを確認しながら，学習の正しい道筋をガイドする。現代の状況に即応した決定版入門テキスト。

臨床心理のコラボレーション
——統合的サービス構成の方法

藤川　麗　A5判・240頁・4500円

個人面接だけでなく，臨床心理サービスをより統合的に，効果的に提供するしくみをつくるためには？　相談のありかた，制度のデザインと見直し，関連職種や非専門家との連携など，ある大学のある学部に発足した相談室の立ち上げをフィールドにした参与研究から，臨床心理のコラボレーションづくりを考える。

長期入院児の心理と教育的援助
——院内学級のフィールドワーク

谷口明子　A5判・256頁・5800円

入院している子どもたちはどのような気持ちで日々をおくっているのか？「院内学級」における教師の役割とは？　ある「院内学級」をフィールドとして，教師の子どもたちへの関わりを描き，子どもたちと病院，日常生活をつなぐ〈つなぎ援助〉モデルを提案する。

子ども虐待へのアウトリーチ
——多機関連携による困難事例の対応

髙岡昂太　A5判・448頁・7400円

養育者が自ら相談場面に現れることがない子どもへの虐待事例に対して，迅速な対応のために多機関・多職種が連携して動くことには常に困難がともなう。保育士，保健士，自治体，児童相談所，心理士，それぞれの現場の詳細な質的調査から，有効なモデルをボトムアップに描き出す。

自殺学——その治療と予防のために［オンデマンド版］

稲村　博　A5判・408頁・5800円

実験経験豊富な精神医学の治療と予防のための正しい自殺学の確立をめざした力作。世界古今の資料・文献等の集大成で，自殺に関する考え方の変遷，実態，心理，社会学的見地から予防まで，自殺のすべてを知ることができる。

ここに表示された価格は本体価格です。ご購入の際には消費税が加算されますのでご了承ください。